新装版

保育記録の
とり方・生かし方

關 章信　兵頭惠子　髙橋かほる／監修

公益財団法人 幼少年教育研究所／編著

すずき出版

はじめに

　『保育記録のとり方・生かし方』（1997年初版）の改訂新版が刊行された2009年の「はじめに」で私は次のように書いています。

　はじめに記録ありき。保育は記録からはじまるといっても過言ではないでしょう。日々の子どもの姿をよく見て記録することが、子ども理解につながり、「幼児期の特性」の理解へとつながるのです。

　そして、子どもの姿を文字化することによって、自分の保育のねらいと結果がはじめて明らかにされ、観察者としての自分の目に触れていきます。もっとも身近な記録である保育日誌を書きつつ、第三者としてのもう一人の自分が保育を反省・評価しているのです。すでにこの時、翌日の保育がはじまっています。子どもの姿から保育を考えるとは、まさにこのことなのです。（中略）

　本書は、子どもの発達を考える研究グループの保育記録についての研究をまとめたものです。

　子どもの姿の記録から保育を考えるのが保育の基本であるならば、逆に保育に生かせる子どもの姿の記録とはどのようなものか？　ということを研究グループで模索することになりました。第三者にもわかる客観的な状況の記録、その記録から保育者として何を読み取っていくのか、読み取りの結果をどのように生かせばよいのか、と考えることは研究グループにとっても有意義な機会でした。（中略）

　執筆者として、現場の先生方が本書を参考にして、あらためて記録の重要性に気づかれること、記録の幅の広さに気づかれることを願っています。

　今回、『保育記録のとり方・生かし方』の新装版を刊行するにあたり、従前同様、子どもの発達を考える研究グループで見直しを行いました。

見直しにあたって、保育記録についての基本的な考えは従来と変わりませんし、その重要性はますます高まっていると確信しています。

　今回の新装版では、平成30年（2018年）に施行された、幼稚園教育要領や保育所保育指針、幼保連携型認定こども園教育・保育要領に示されている子どもの育ちつつある具体的な姿として示された「幼児期の終わりまでに育ってほしい姿（10の姿）」の視点を加えて編集を行いました。

　"10の姿"は、5歳児後半に見られる子どもの姿とされていますが、0歳児にその萌芽があり発達の連続性のなかで育まれていきます。本書では、満3歳児の姿から"10の姿"の視点で読み解いています。

　そして、子どもの発達の道筋に添って、3歳児・4歳児・5歳児の1年間を5期に分け、期の姿・グループの姿・個人の姿の事例をあげ、**子どもの姿（ありのままに記録しよう！）→考察（行動の意味を考えて記録しよう！）→保育者の関わり（環境構成や援助など、具体的に記録しよう！）**という流れで表しました。一方、満3歳児は入園の時期にばらつきがあるため、大きく3期に分けましたが、流れは同じです。

　発刊以来、多くの先生方の支持をいただいて版を重ね、今回新装版を刊行する運びとなりました。本書にあげた多数の事例がご自分の記録を見直すきっかけとなり、ご自分の記録のスタイルを見つける一助となることを、重ねて願っています。

　保育記録を書くことは、自分の保育を振り返り、反省・評価につながることはもちろんですが、保育の基本である「子ども理解」や「子どもの特性を知る」ことにつながる、きわめて重要で、保育の質の向上の一助となるのです。

　最後に、【はじめに記録ありき】なのです。

著者／監修者代表　關　章信

CONTENTS

保育記録の具体事例　4歳児 ‥‥‥‥‥‥‥‥‥‥‥‥‥ 94

第3章　保育記録を生かす具体事例 ·········· 179

序章 保育記録をとる前に

保育記録と子ども理解

保育の基本は「子ども理解」＝「幼児期の特性」を理解すること

　幼稚園教育要領の総則には、「幼児期の教育は、生涯にわたる人格形成の基礎を培う重要なものであり、幼稚園教育は、学校教育法に規定する目的及び目標を達成するため、幼児期の特性を踏まえ、環境を通して行うものであることを基本とする」とあります。

　「幼児期の特性」を理解すること（＝子ども理解）が、保育の基本であり、保育はそこからはじまります。「幼児期の特性」には、子どもの育ち（発達）のなかで特徴的にみられる行動（言動）が含まれます。

　「幼児期の特性を踏まえる」とは、例えば、砂場で水をジャージャー流して遊んでいる子どももいます。ただ水をジャージャー流しているということではなく、その行動の意味を考察することが、特性を踏まえることです。3歳児で

あれば、水の感触や感覚を楽しんでいるのかな、4歳児なら水の流れを見ているのかな、5歳児なら水が砂にどう染み込んでいくのかを見ているのかな、などと読み取っていくことです。

　保育者は、子どもの行（言）動の意味を理解し、共感し、それを踏まえて特性に即した環境（保育内容）を考えることが、「子ども理解」の大切な要素となるでしょう。

子どもの特性に即した保育を考える～カリキュラム・マネジメント～

　「幼児期の特性を踏まえ、環境を通して行う」保育に必要なのが、カリキュラム・マネジメントの確立です。各園では、教育課程やその他の計画を作成し、それを指導計画や環境構成に落とし込んでいきます。そして、実践した保育内容を見直し、改善を行い、また次の計画に反映させていきます。このようなサイクルはカリキュラム・マネジメントのPDCAサイクル

【Plan（計画）⇒ Do（実行）⇒ Check（評価）⇒ Action（改善）】とも呼ばれています。

　カリキュラム・マネジメントで重要なことは、保育実践のなかで、その計画が適切であったかつねに振り返り、検討し、子どもの状況に合わせて見直しをしていくことです。

　そして、計画を見直す際に必要となるのが、保育記録です。子どもの姿を見て⇒読み取り（考察）⇒保育者の関わり、環境構成を考えていく、という日々の記録が重要となります。

幼児期に育みたい「資質・能力」と"10の姿"

　幼稚園教育要領、保育所保育指針、幼保連携型認定こども園教育・保育要領（平成30年施行）では、新しい時代に求められる「資質・能力」として、0歳から18歳までの一貫した教育目標に向けた教育に取り組むこととなりました。

　幼児期に育みたい「資質・能力」として、1「知識及び技能の基礎」、2「思考力、判断力、表現力等の基礎」、3「学びに向かう力、人間性等」の3つの柱を示し、5領域のねらい及び内容に基づく活動全体によって育んでいくとい

う方向性が示されました。

　また、「資質・能力」が育ちつつある子どもたちの小学校就学前（5歳児後半）の具体的な姿として示されたのが、「幼児期の終わりまでに育ってほしい姿（10の姿）」であり、指導を行う際に考慮するものとされています。

「主体的・対話的で深い学び」と育てていきたい「非認知的能力」

　子どもに「資質・能力」や"10の姿"を育てていくために注目されているのが、「アクティブ・ラーニング」です。新しい教育要領・保育指針等では「主体的・対話的で深い学び」という言葉で示されています。

　「主体的・対話的」とは、子どもが身の回りの環境に興味をもって積極的に関わりながら、自らがやろうとしていることに見通しをもって取り組み、また自らの遊びを振り返って、期待しながら、活動できるようになっていくということ（主体的）。そして、自分の思いや考えを表現し、伝え合うことで、自らの考えを広げ深めていくということ（対話的）です。

「深い学び」とは、「見方・考え方」を働かせて、幼児なりのやり方やペースで試行錯誤をくり返し、生活を意味のあるものにしていくということです。

また、「資質・能力」や"10の姿"のなかで、子どもに育てようと重視している力に「非認知的能力」があります。具体的には、「いろいろなことに興味をもって関わる感性や感情」「困難なこともあきらめずにやり抜こうとする意欲や意思」「友達を思いやる気持ちや人と協力していくこと」など、数値では計れない能力です。

この「非認知的能力」は、乳幼児期の愛着関係と重要な関わりがあり、また2歳くらいから7歳くらいに顕著に発達する、といわれています。

記録により「子ども理解」を深め「保育の質」を高めていく

では、「主体的・対話的で深い学び」や「非認知的能力」を育てる保育とは、どのようなものでしょうか。

いずれも重要なことは、保育者が子どもの興味・関心、気持ちを受け止め、子どもが主体的に活動できる環境を構成し、言葉かけをして援助していく、という保育の基本は変わりません。

そのために、保育者は、日々子どもたちの姿を観察して記録し、その育ちを読み取っていくことが大切なのです。

保育記録は、子どもをより深く理解するためのものです。子どもを深く理解するためには、「子どもを見る目」を養うことです。

そのためには、本書の第2章で紹介している、①子どものありのままの姿をよく見る⇒②行動の意味を読み取る⇒③保育者の関わりを考える、というステップで、子どもを見ていくとよいでしょう。この方法で記録していくことで、自分の保育を振り返り、反省・評価していくことができます。

「子ども理解」は、保育者の専門性のひとつです。このステップを積み重ねていくことで、確実に保育の質が向上していくことでしょう。

保育記録と"10の姿"の視点

保育記録の様々な視点と
育ちを読み取るための"10の姿"

保育記録には、様々な視点があります。「個の視点で見た記録」、「クラスの視点で見た記録」、「病気やケガなどの保健の視点で見た記録」「保護者に伝える視点で見た記録」などです。それが個人簿であり、クラス日誌であり、保健日誌、連絡帳という記録になります。

また、教育要領・保育指針等に示された「5領域」や"10の姿"も子どもの育ちを捉える視点のひとつといえます。

本書では、子どもの育ちを多面的に読み取るひとつの視点として、保育記録の具体事例に"10の姿"の視点を加えました。子どもの遊び・活動のなかには、様々な姿や育ちが見られます。"10の姿"は、そのような子どもの育ちを読み取るための目安となります。

例えば、子どもが砂場という環境のなかで、砂や水という素材に触れて遊んでいます。その子が、砂に水がどのように浸透していくかに夢中になって「どうしてだろう」と疑問や関心をもっている姿は、「思考力の芽生え」であり、水の量を調整している姿は、「数量や図形、標識や文字などへの関心・感覚」にあたります。また、友達に「もうちょっと掘ってみようか」と話しながら遊ぶ姿は、「言葉による伝え合い」「協同性」にもつながっていきます。

子どもの育ちの連続性

0・1・2歳から連続した育ちを保障していく保育を

「子どもを見る」というときに、忘れてはいけないことは、「発達の連続性」です。

人間は生まれたばかりのときは、横になったまま泣き叫ぶことでしか表現できませんが、少しするとハイハイからつかまり立ちになり、やがて2足歩行になります。2歳になると歩行が安定してきますが、ころびやすいです。3歳になると角を曲がるときもぶつからないで曲がれるようになってきます。

しかし、これは0歳から1歳、1歳から2歳と、それぞれの段階で充実した育ちがあり、ス

ムーズに移行してきたからであり、途中で育ちが阻害されたり、断たれたりしてしまうと、その後の発達に十分につながっていきません。

本書では、満3歳からの記録の事例を掲載していますが、当然ながら、そこまでには、0・1・2歳からの連続した発達があることを心しておきましょう。

保育者は子どもの前の状態がどうであったかなど、子どもの発達を踏まえた保育を行い、子どもの発達に即した働きかけをしていく必要があります。

"10の姿" は到達目標ではなく子どもを多面的に捉える「視点」

　注意したいことは、この活動で、どの "10の姿" が育ったのかという到達目標として捉えるのではないということです。子どもの姿を多面的に読み取るための「視点」と考えましょう。

　また、"10の姿" の視点を保育に取り入れることは、子どもの育ちを多面的に捉え、子どもの育ちや発達を促していくだけでなく、保育者が幅広い視点をもつことで、以下のように自分の保育を深めていくことにもつながります。

"10の姿" の視点を保育に取り入れることで…
①子どもの育ちを多面的に捉えられる
②自分の保育内容のバランスを評価できる
③自分の保育の見直しができる
④反省・評価し、次の保育への計画につなげる

発達の連続性のなかで"10の姿" の "芽" は育っている

　そもそも "10の姿" は、「幼児期の終わりまでに育ってほしい姿」として5歳児後半にみられるようになる姿、とされています。それでは、5歳児後半以前の子どもには、"10の姿" がどのように育ってきているのか、どう捉えたらよいのでしょうか。

　ここで捉えておきたいことは、"10の姿" の "芽" は、0歳からはじまっているということです。0歳からの発達の連続性のなかで育った様々な "10の姿" の "芽" が、5歳児の後半につながっていくのです。

　そのため、本書で紹介している記録の具体事例では、満3歳児の記録から、"10の姿" の視点の読み取りを入れています。満3歳児からの子どもの姿に見られる "10の姿" の芽を捉えるとともに、子どもを多面的に捉え、自分の保育を振り返り、次の保育につなげていく視点としてください。そして、子ども理解を深め、より充実した保育につなげていきましょう。

記録の達人 8ヵ条

き キーワードで書く。子どもの姿を捉えたら、簡単な言葉で、わかりやすくキーワードを使って書いてみましょう。

ろ 論より証拠、事実をそのまま書く。子どもの姿や状況をありのままに書き、感想や日記にならないように気をつけましょう。

く くせをつけて工夫して書く。メモをする「くせ」を習慣づけることが大切。後で記入するときに状況が思い出しやすくなるように工夫しましょう。

の のびのびにしたり、後まわしにしないで書く。記憶がうすれると、なおさら書けなくなります。その場でちょっとメモをするなどして書いておきましょう。

た 楽しんで書く。子どもたちの楽しいつぶやきなど、何かテーマをもって書くと、メモが記録になっていくことでしょう。

つ つねにペンとメモ帳をポケットに。子どもたちの変化や気づいたこと、特徴的なことを記録しておきましょう。

じ 自己点検になる。記録をしっかりとっておき、読み返したり、整理したり、分析したりすると、自分のくせなどがわかり、保育の点検になります。明日の保育のヒントにもなります。

ん んうん!? 何だろう? と気になったことは書く。困ったことや変だなと思ったことはそのままにしないで、保育者同士で話し合いましょう。保育者間の共通理解にもつながります。

第1章

記録とは

1 記録の必要性

わたしたち人間はいろいろな出来事を記憶すると同時に、また忘れてもいきます。

病院の診察室にいるとします。ここ数日の生活の様子は？　朝食に何を食べたか？　と質問されて、すぐに答えられないことがあるのではないでしょうか。自分にとって日常的な出来事は、記憶の外に出してしまっていることが多くあります。

逆に、いつも米飯の人がパン食にしたり、いつもと違う行動をとった場合には、よく覚えていたりします。つまり、日常的なことよりも非日常的なことの方が印象に強く残ります。保育のなかでも入園式当日のことやおもらしをした子ども、よく泣いた子どもなど目立つことはよく覚えていますが、日常的なことは忘れてしまいがちです。

(1) 記録はカルテと同じ

医者は問診しながら患者の状態を探り（患者の姿・様子）、原因の所在を突き止めて処方を考えます。かかりつけの医者であれば、いままでのカルテ（記録）と照らし合わせながら、診断を容易にくだすことができ、処方（援助）を考えます。逆に、今までにない症状であれば、精密検査を行ったり、他の専門の医者と相談することでしょう。

こうしてみると、治療の大事な手がかりであるカルテ（記録）は、援助の手がかりを得る保育の記録と、よく似ていることに気づきます。

保育のなかの記録は忘れないためではなく、①子どもの姿を捉えること、②捉えた子どもの姿の内容を読み解き、育ちを援助すること、そして、③子どもと保育者の保育展開を促すものともいえます。

<長期的な子どもの様子を記録>

例えば4月〜7月と園生活の進行とともに子どもの姿は変化していきます。遊び方や遊びの対象、仲間との関係、言葉などを取り上げてみても子どもの変化の様子がわかります。記録をとる時点を「点」とするならば、「点」と「点」の間の変化が子どもの成長ということになります。この成長の間隔の大小が一人ひとりの育ちの違いであり、これによって個々の成長の様子が読み取れます。

そして、**この成長を促した環境の構成や保育者の援助のあり方を大きな視点で見直したり評価したりする**ことができます。

＜短期的な子どもの様子の記録＞

子どもの変化というものは、学期や学年での大きな単位もあれば、1日、1週間という小さな単位での変化もあります。小さな変化は気づきにくいので、よく注意して見落とすことのないようにしなければなりません。

例えば、すぐ物を投げるYくん。毎日の記録のなかに何か読み取れないだろうか。**Yくんの行為は1日の時間帯でいつ起こるのか？　どんな場面で？　特定の友達に対してなのか？　不特定多数に対してなのか？　どんな言葉がともなっているのか？**　記録のなかにYくんの行為の根っことなる部分が隠されています。記録を読み取り、Yくんのサインに対して「もしかしたら、～かな？」と保育者が仮説を立て、言葉かけや手立てを考えていくのが、短期の記録の上手な生かし方です。

日々の子どもの様子を記録することは、子どもの行為の原因を探り、確かな援助をしていくためには欠かせません。短期の記録は、保育の指針や援助を早めに考えることができる点で、有効な資料となります。

(2) 保育者も成長

　一方、記録をとることは、保育者の資質を高めていくことにもなります。一概に子どもを見るといっても、漠然と見るわけではありません。

　例えば「A君の遊びは昨日と違うぞ、どうしてだろう？　もう少し詳しく見てみよう」「B子ちゃんとC子ちゃんのグループから、D子ちゃんが出ていったけれど、どうしたのだろう？　引き続き見守ることにしよう」と焦点を絞って詳しく見る（視点をもって見る）、全体の流れを見る（観察する）という具合に、場面や相手によって適切な見方をしようとする保育者の意図が働きます。このようにして、見る姿勢や子どもを捉えていく姿勢が養われていくわけです。

　また、見たものを文章化していくことは、観察したものをありのままに描写することから一歩進んで、整理しながら文章に置き換えていく作業です。この整理するという作業が、保育者の考えを明確にすることになり、子どもの行動の本質にも迫ることになります。

　さらに保育現場での記録は、私的な個人の日記などと違って客観性が要求されますから、客観的に書いた記録を保育者自身がさらに考察し、保育の援助を考えるというプロセスをくり返すうちに、保育者の資質が磨かれていくのです。

(3) 保育の指針のもと

　記録には短期のもの、長期のもの、また個人のもの、クラスのものなどがあります。メモ・日誌・要録・連絡帳・写真・ビデオなど種類も様々です。

　どのような記録であっても、記録は子どもの大事な情報源です。保育者はこの情報を読み取り、整理することで、保育の指針を立て、援助の方向性を考えます。つまり、各園の指導計画のなかで一人ひとりの子どもがいかに生かされるかは記録に関わってくるわけです。

　記録によって、子どもの育ちの方向性と適切な援助が生まれ、保育者自身の保育に対する反省と評価が行われます。これはまた、要録の作成に役立つものとなり、指導計画や教育課程の改善につながります。記録が保育といかに切り離せないかがわかるでしょう。

2　記録の種類と方法

（1）記録の種類

　記録には、書いて残す記録、映像として残す記録など様々な種類があります。記録の書き方も、目的に応じて変わってきます。実際に園のなかでどのような記録が行われているのでしょうか。

1. メモ

　保育中に、子どもの行動や発言で覚えておこうと思っても、保育後に振り返ったときになかなか思い出せないことがあります。いつでもすぐにメモがとれるように、メモ帳などをポケットや手元に置いておくとよいでしょう。

　保育中のメモはわずかな時間で書くわけですから、後で思い出すときのポイントになる子どものつぶやきなどを簡潔に書いておき、その後、保育記録に生かしていくと、より具体的な姿で記録できます。

2. 保育日誌

　保育日誌は、日々の保育を振り返り、計画や環境、援助のしかたについて反省と評価を行うものです。これが、次の保育を計画するときの土台の資料になります。

　保育日誌を書くときは、1日の出来事すべてを書くわけにはいきません。その日の保育のなかで一番印象に残ったこと、気にかかったことを書きましょう。何を書くか、自分の頭のなかでテーマを絞る、つまり、視点を捉え、定めてから書くとよいでしょう。

　そして、その子どもの姿から、なぜその子はそうしたのか？という"子どもの思い"の読み取りをしましょう。その思いを推察し、捉えられれば、次の関わり方が見えてきます。

　このように個を捉えながら、クラスとしての保育計画や内容についても振り返り、記録していきます。

3. 個人記録

　保育日誌の記録のなかだけでは、個人の成長や変化を縦断的に捉えることはできにくいといえます。そこで、個々の成長や発達を捉えるために、個人記録票や個人記録ノートに記録していく必要があります。

　しかし、毎日全員の子について書き記していくことはたいへんです。その子の成長の変化を感じた出来事があったときなど、毎日何人かずつ記録していくとよいでしょう。個人記録は、個人面談などの家庭との連携においても大切な資料にもなり、また年度末に記入する要録のもとにもなります。

　個人記録は、プライバシーに直接関する内容ですので、その管理や取り扱いには十分な注意が必要です。

4. 要録

　要録はその年度の指導の過程や結果の要約です。それとともに次の年度の保育あるいは小学校の教育の参考になりますので、丁寧に過不足なく記入します。

　記入内容は「何ができる（できない）」という達成の評価ではなく、「学年の初め」からどんなことがどのように変化したかを記入していきます。

　また、教育要領等に即したものであることを要求され、最終学年は「幼児期の終わりまでに育ってほしい姿」を活用して記入することとされています。

5. 面談記録

　個人面談や家庭訪問などでは、園での子どもの様子を保育者から伝える一方、保護者からも様々な話が出ます。話し合ったことや保護者からの要望・悩みなど、その場で出た話は、話を聞きながらポイントをメモして、後で個人記録などに記録しておくことが大切です。このような姿勢は、保護者が自分の話を大切に受け止めてくれるという気持ちにつながり、保育者や園に対する信頼にもつながっていきます。

6. 連絡帳

　家庭と担任の間を直接つなぐもので、互いに必要なときに記入していきます。書くときには次のような点に留意しましょう。

・1行でも感謝やねぎらいの気持ちを込める。
・アドバイスを行う場合は、子育てに役に立つように具体的に示していく。
・「○○しませんでした」などと否定的に書くのではなく、小さな変化や成長を肯定的に書く。
・いつでも保護者の味方であることを感じさせる温かいメッセージを送る。

7. 写真

　保育のその場の様子や雰囲気は、1枚の写真があれば一瞬のうちに理解されます。日々の保育のなかでも、形として残らない遊びや子どもたちの表情、雰囲気を伝えるためには写真は格好の記録媒体です。運動会などの園の行事を記録として残すような場合にも欠かせません。

　また、保護者に対しても、園生活の様子を伝えるうえで有効です。手紙による意味づけに写真をプラスすれば、より保育に対する理解が深まります。

8. ビデオ（動画）

　ビデオ記録のよいところは、文字や写真だけでは再現できないありのままの保育の場面（子どもや保育者の言葉や行動、表情）を振り返ることができることです。また、実際にその場を見ていない保育者もビデオ記録を通して子どもの様子を共有することができます。保育者同士で語り合うことで子どもへの理解が深まることから、園内研修などにも活用されています。撮影者は、何を撮るか、ポイントを明確にもって撮影することが大切です。

(2) 記録の方法

　記録の書き方には、事実をありのままに主観を交えずに書いていく観察的な記録と、さらに自分の感じ方や考え方の読み取りを入れて書いていく実践記録があります。

1．観察記録

　観察的な記録のとり方は研究のために客観性を追求して行います。この記録のとり方でもっとも重要なのは、観察者が主観を交えずにビデオ撮影のように正確に記録していくことです。

2．実践記録

　実践記録には、保育日誌や個人記録、要録など保育者が日頃から記録しているものが含まれます。これらは、保育者が子どもたちの生活をより豊かにするために記録し、保育に生かしていくためのものです。

　保育の実践記録では、自分の保育の実践を振り返り、そこでの子どもの姿を捉え、その特性や心を読み取り、分析し、自分の保育の計画や援助のしかたの反省・評価を行います。

　まず、書きはじめる前に、何を記録するかテーマを決めます。またそれとともに、あらかじめ立てていた保育のねらいに対して、自分自身の保育の反省・評価が押さえられなければなりません。

　はじめに、①子どもの姿や言動を読み取ります（実態把握）。この最初の、姿の読み取りの部分には、客観性が要求され、観察記録のように正確に子ど

① 実態把握
いつも元気なAちゃんが最近しょんぼりしている…

② 考察
仲よしのBちゃんが休んでいるからかも知れない

③ 計画に生かす
楽しそう！入ーれて！
いいよ！

もの姿を捉えることが必要になります。

　次に、②その姿や言動の意味づけと考察をなるべく客観的に読み取ります（考察）。「いつも元気なA子ちゃんが、最近しょんぼりしているのはなぜかしら？」「いつも一緒に遊んでいたB子が園を休んでいるからかもしれない」など、読み取って対応していきます。

　この反省・評価をもとに、③明日の保育はどうしたらよいかを考えてみます（計画に生かす）。「明日は、わたしがA子と一緒に他の子の遊びの輪のなかに入ってみよう」、これが次の日の日案の計画となり、再調整に役立ちます。

　このように実践記録は、実態把握　→　考察　→　計画に生かす　という流れで考えてみると、記録が次の保育に生かされていくことになります。

3　記録を生かすには

(1) 役立つ記録とは

　「記録を生かす」には「役立つ記録」でなくてはならないという前提があります。しかし、いざ日誌を読み返してみると、求められているポイントが書かれていないことが多いというのでは、いかにも残念なことです。それでは、後々に生かせる記録とはどんなものなのでしょうか。

１．視点を定めること

　保育者自身、視点が不明確な場合は「今日は紙芝居をして、子どもたちが喜んだ」という活動の羅列や「A子は鉄棒の前回りができるようになった」「B男は、C男とケンカ」などの子どもの行動結果だけを書くなど、子どもの様子をおおざっぱな言葉で記録するだけになってしまいます。

　保育記録とは、漫然と、いろいろなことを書くのではなく、保育者が子どもの何を見ようとしているのか、何を理解しようとしているのか、という保育者自身の視点を明確にして書く必要があります。それは、発達を捉える意味でも、たいへん重要なことといえましょう。

2. 継続性をもつ

　子どもの姿を理解するには、着眼したそのときだけでなく、ひとつの流れをもって見ることによって、その意味や変容が見えてくることがあります。

　そのとき、示した行動が、たまたま気分によるものなのか、発達としての意味合いをもつものなのかは、ある程度、継続して子どもの姿を捉えることで、保育者が判断しやすくなってきます。

　例えば、昨日までどんな行動をしていたか、1週間前はどうだったのかと振り返って、その継続のなかでの今日の行動を見ていくなど、子どもの姿を継続して見る習慣をもつと、子どもの内面の変化にも、より気づくようになり、次の保育への見通しももちやすくなります。

3. いろいろな関わりのなかで捉える

　子ども姿を捉える出発点として、保育者の感性は大きなポイントとなってきます。**子どもの何を捉えるのか、「○○がどうした」だけでなく、「なぜそうしたのだろう」という考察も行わなければなりません。**同時に周囲の環境のなかでの関連や状況の前後関係も手短かに記しておく必要があります。

　また、子どもの活動に共感をもつことは、子どもの内面を知る手がかりをつかむ意味で重要なことです。子どもの側に立ってものごとを捉えようとすると、今まで見えなかったものが見えてくることがあるのです。

（2）記録を何に生かすか

1．要録に生かす

　要録のなかには「指導に関する記録」の欄があり、各年度の終わりに記入します。その内容は、日々の保育のなかで、子どもが何に興味をもち、何をどのように身につけていったか、これから伸びようとする面についてなど、個々の子どもの発達を表す必要があります。そのためには、日々の保育の記録をとり続けながら、1年間の変化の姿を把握しておくことが大切です。

　また、子どもの姿の変化のみならず、指導の経過および評価も含めて記入する必要があります。日常的に保育の関わりのなかで子どもの姿を捉え、保育者が感じたことも含めて書き表しておくとよいでしょう。

　さらに、要録は次の指導者へのメッセージとしての役割も担っています。保育者は責任をもって、教育要領等にも唱えられている「幼児のよさ」を伝える伝言板であってほしいものです。そこから次の保育者は、さらにどのような援助をしていけばよいかの手がかりが得られます。

2．園内研修や職員会議に生かす

　一生懸命保育し、記録をとり続けていても、「あの子の行動をどう理解したらよいだろう」と子どもの姿から発達の変容を読み取ることができなくなってしまう場合もあります。そのようなときは、園内研修や職員会議の場で話し合いをもち、他の保育者からの見方も取り入れ、子どもの発達への理解をよりいっそう深め、一つひとつの姿の丁寧な見直しをはかりましょう。保育記録をもとに話し合いを進めることで、その後の援助の方向性も見えてくるでしょう。

3．指導計画に生かす

　指導計画には短期のものと長期のものとがありますが、いずれも子どもの思いを感じ取れるような生きた記録をベースにして、反省・評価し、次の保育への組み立てに生かしていきます。

　例えば日案を立てるときには、「今日の姿はこうだったが、姿の意味はこうだろうか」と考察し、「保育者の願いはこうであるから明日の保育のねらいは、今日の姿との関連においてこうしよう」、

「環境構成は、こうしてみよう」「保育者の援助のポイントは」…。というように、具体化していきます。

週案は今週の子どもたちはこうであった、という現実の姿と意味の読み取りの記録を土台として、翌週の保育を組み立てます。

月案・期案・年間計画も、日案・週案と同じように、

日々の子どもの姿とその内面を理解し、育ちを助けようとすることがベースにあります。

4. 家庭との連携に生かす

家庭との連携プレーで保育は成立するといっても言い過ぎではないくらい、保護者と子どもへの理解をともにしていくことは重要です。連絡帳、園行事の案内、園だより、クラスだより、保護者会、個人面談、家庭訪問などは、保護者と保育者をつないで、共通の理解を深めるものです。

日々の保育のなかでのありのままの子どもの姿を記録しておくと、家庭との連携をはかるときに、具体的な子どもの姿を知らせることができます。保育者と保護者とが信頼関係を築き、こういう方向で進めていこうと協力し合うことは、保育には何より大切なことです。その場合、保育者は、相手の身になって、温かく具体的な表現をするように心がけましょう。

Q.
記録を書くとき、
文章が長くなって
しまうのですが…

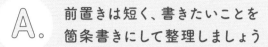
保育記録

PART
1

A. 前置きは短く、書きたいことを 箇条書きにして整理しましょう

話をするときでも、前置きが長いと、肝心な話にたどりつくまで時間がかかってしまいます。ポイントのひとつは、前置きを削るか、できるだけ短くして本論に入るようにすることです。もうひとつは、書く内容を箇条書きにして、頭を整理してから書きはじめることです。

また、いろいろな話をつなげずに、区切って書くことも、読みやすい記録への近道です。

Q. 保育後に保育中の子どもの 様子や状況を思い浮かべやすい メモをとるポイントは？

A. ポイントになる子どもの言葉や エピソードをメモするようにしましょう

メモは記憶の補助装置といえます。自分が保育終了後に保育日誌や個人記録を書くとき、書きたいことが思い出せればいいわけですから、やみくもに書くのではなく、これは大切だと思ったこと、忘れてしまいそうだと思ったことをメモしておきます。

具体的には、「だれが」「どうした（何と言ったか）」は必要でしょう。特に、子どもの言葉は大人の常識からは想像できないものがあります。例えば、「風も一緒に走ったよ」など、少し違うだけでもニュアンスが変わってしまいます。そういったポイントとなる言葉やエピソードなどはメモしておくとよいでしょう。

Q.
目立った動きがない子など、
記録がとりにくい
子がいます…。
どのように心がけたら
よいでしょうか？

A. かすかな変化を読み取る目を 育てていきましょう

目立たない子を記録するとき、「傍観していて、なかなか参加しなかった」と書く保育者がいます。しかし、本人がゆったりした様子であれば、その子なりに楽しんでいるわけですから、「離れた場所からみんなの動きを目で追い、参加していた」となります。

目立たない子は、アクションが小さいので、いろいろなサインを見逃しがちになります。目が浮遊していないか、停滞していないかなどの目の動きやくちびる、表情のかすかな変化のなかから、その子の心を読み取る目を育てていきましょう。

第2章

保育記録の具体事例

記録の具体事例と
期の分け方
について

この章では、満3歳児は入園当初からを3期に分け、3・4・5歳児は1年間を5期に分け、各期の子どもの姿をどのように捉え、どのように記録するかという具体事例を紹介しています。

満3歳児の3期の分け方については、下段の表を、3・4・5歳児の5期の分け方については右ページの表を参照してください。

ここで示した期は、子どもの発達の姿を、あくまでも目安として捉えたものです。

満3歳児　期の発達の特徴

1期 依存期	保護者と離れ、新しい環境に入ったことにより、不安と緊張を強く感じ、どうしてよいかわからず戸惑い、気持ちが不安定になります。保育者に思い切り依存し、受容されることで安定していくので、個々で接していく時期といえます。
2期 自己発揮期	入園当初よりも園生活に慣れてきて、集団のなかで個々に好きな遊びを楽しむようになります。保育者にゆったりと依存しながら遊び出す、自己発揮の時期といえます。
3期 友達意識期	集団のなかでのゆとりも出てきて、周りが見えてきます。いろいろな友達の様子に興味を示して、まねしたり、遊んだり、自分なりの主張をしたりし、友達を意識する時期といえます。

3・4・5歳児 期の発達の特徴

※月表示はあくまでも目安です。それぞれの子どもの発達に合わせ、ゆるやかに移行していきます。

1期
不安と混乱期
（4・5月）

新しい環境に入った子どもは、身の回りに起こる様々な出来事に、不安や緊張を感じたり、混乱したりすることがあります。保育者に依存したり、少しずつ新しい環境に慣れ親しんだりすることで、気持ちが安定していく時期といえます。

2期
自己発揮期
（5・6月）

不安を受容してもらうと、気持ちが安定してくることにより心にゆとりがでてきます。したがって、周囲の人や物への興味や関心が広がり、「おもしろそうだな、やってみよう」と心も体も動きはじめます。まさに自己発揮の時期といえます。

3期
自己主張期
（7・8・9月）

いろいろな遊びに関わって自己発揮しながら、友達と一緒の行動が多くなります。また、様々な刺激を受け、楽しみながら生活しますが、各々が自己の存在を主張し合う時期といえます。

4期
仲間意識期
（10・11・12月）

自己主張しながらも、友達のことを仲間として受け入れることができるようになってきます。自分の思いも伝えながら、友達の主張も聞いて、お互いのイメージを重ね合わせながら共有し、遊びを豊かに展開します。仲間関係の深まる時期といえます。

5期
自己充実期
（1・2・3月）

遊具や用具などを自分たちの活動に合わせて、様々に組み合わせて使おうとするなどの理解力や認識力が増し、遊びを工夫して試行錯誤を楽しむ様子が見られます。また、友達同士でひとつの目的をもって充実して集団活動をする姿は、一人ひとりの子どもにとっても充実期といえます。

ページの見方

各期の子どもたち 満3歳児は3期、3・4・5歳児は5期に分け、期ごとの
子どもたちの発達の姿を年齢別に取り上げています。

年齢・期

この期に見られる子どもたちの姿
心の状態や特徴的な行動や言葉など、この期の
個々の子ども、クラス全体の子どもたちの姿です。

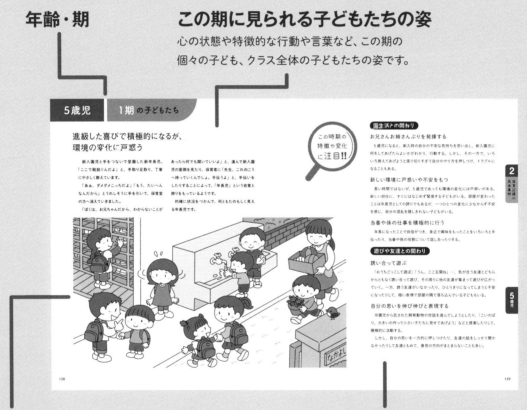

子どもたちの様子が伝わるイラスト
この期の子どもたちとクラスの様子をイラストで表現
しました。様々な子どもたちの姿が描かれています。

子どもたちの特徴や変化
この期の子どもたちの特徴や変化を保育者、友達、
園生活、遊びなどの関わりごとに具体的に紹介しています。

期案作成の参考に!

子どもたちの姿をこのように期ごとに記録しておく
と、次年度の期案作成の大切な資料になります。

保育記録の具体事例

満3歳児は1期2事例ずつ計6例、3・4・5歳児は1期3事例ずつ計45例。様々な子どもたちの姿に対応した記録の具体事例を紹介しています。

年齢・期

この期に見られる子どもたちの姿

個人簿であれば、この期に見られる特徴的な子どもや気になる子どもの姿、クラス日誌であれば、クラス全体の様子です。

個人簿/クラス日誌

個人とクラスの記録事例を掲載しています。

"10の姿"の視点から見た読み取り

"10の姿"の視点で見たときの育ちつつある子どもの姿や、保育者の関わりなどを解説しています。

STEP1〜3の流れで表した保育記録例

左ページで紹介した個々の子どもの姿やクラスの様子を記録にした例です。本書では、右のようにSTEP1〜3の流れで記録し、子どもの姿を読み取り、振り返り、次の保育へとつなげていく記録を提案しています。

STEP 1 子どもの姿
ありのままに記録しよう！

まずは、子どもの姿を時系列に記録して、ありのままに捉えます。

STEP 2 考察
行動の意味を考えて記録しよう！

次に、STEP1の子どもの姿を保育者がどのように読み取ったかについて、その行動の意味を考察し、手がかりを探ります。

STEP 3 保育者の関わり
環境構成や援助など、具体的に記録しよう！

STEP1、STEP2を受けて、保育者としてどう関わったのか、具体的に記録します。環境構成や援助、家庭との連携などを記録します。

幼児期の終わりまでに育ってほしい姿 "10の姿"

「幼児期の終わりまでに育ってほしい姿（10の姿）」とは、幼稚園や保育所、幼保連携型認定こども園での生活を通じて育みたい「資質・能力」が育ちつつある子どもの就学前（5歳児後半）の姿を具体的に示したものです。

注意しなくてはならないのは、「"10の姿"＝5歳の終わりまでに到達すべき目標」ではなく、育ちの方向性を示したものであり、子どもにどのような「資質・能力」が育っているかを読み取るための目安であり、視点となるものです。

本書では、満3歳児からの保育記録の具体事例に子どもの育ちを多面的に読み取る視点として「"10の姿"の視点から」という項目を加えました。発達の連続性のなかで、子どもに育ちつつある"10の姿"の"芽"を捉えるとともに、保育者自身の保育の振り返りや計画の参考にもなります。

「資質・能力」とは？

「資質・能力」は、0～18歳の学校教育のなかで育てていくべき基礎的な力を表しています。幼児期に育みたい「資質・能力」として、❶「知識及び技能の基礎」❷「思考力、判断力、表現力等の基礎」❸「学びに向かう力、人間性」の3つの柱が示されています。これらは、「5領域」に基づいた活動によって育まれるものとされています。

「5領域」とは？

「健康」「人間関係」「環境」「言葉」「表現」という5つの領域で子どもの発達を捉えたもので、園生活のなかで子どもたちに経験してほしいことを整理したものです。

幼児期の終わりまでに育ってほしい姿〈原文〉

※「幼稚園教育要領」より

健康な心と体

5領域では…おもに 健康

幼稚園生活の中で、充実感をもって自分のやりたいことに向かって心と体を十分に働かせ、見通しをもって行動し、自ら健康で安全な生活をつくり出すようになる。

自立心

5領域では…おもに 人間関係

身近な環境に主体的に関わり様々な活動を楽しむ中で、しなければならないことを自覚し、自分の力で行うために考えたり、工夫したりしながら、諦めずにやり遂げることで達成感を味わい、自信をもって行動するようになる。

協同性

5領域では…おもに 人間関係

友達と関わる中で、互いの思いや考えなどを共有し、共通の目的の実現に向けて、考えたり、工夫したり、協力したりし、充実感をもってやり遂げるようになる。

道徳性・規範意識の芽生え

5領域では…おもに 人間関係

友達と様々な体験を重ねる中で、してよいことや悪いことが分かり、自分の行動を振り返ったり、友達の気持ちに共感したりし、相手の立場に立って行動するようになる。また、きまりを守る必要性が分かり、自分の気持ちを調整し、友達と折り合いを付けながら、きまりをつくったり、守ったりするようになる。

思考力の芽生え

5領域では…おもに 環境

身近な事象に積極的に関わる中で、物の性質や仕組みなどを感じ取ったり、気付いたりし、考えたり、予想したり、工夫したりするなど、多様な関わりを楽しむようになる。また、友達の様々な考えに触れる中で、自分と異なる考えがあることに気付き、自ら判断したり、考え直したりするなど、新しい考えを生み出す喜びを味わいながら、自分の考えをよりよいものにするようになる。

数量や図形、標識や文字などへの関心・感覚

5領域では…おもに 環境

遊びや生活の中で、数量や図形、標識や文字などに親しむ体験を重ねたり、標識や文字の役割に気付いたりし、自らの必要感に基づきこれらを活用し、興味や関心、感覚をもつようになる。

社会生活との関わり

5領域では…おもに 人間関係、環境

家族を大切にしようとする気持ちをもつとともに、地域の身近な人と触れ合う中で、人との様々な関わり方に気付き、相手の気持ちを考えて関わり、自分が役に立つ喜びを感じ、地域に親しみをもつようになる。また、幼稚園内外の様々な環境に関わる中で、遊びや生活に必要な情報を取り入れ、情報に基づき判断したり、情報を伝え合ったり、活用したりするなど、情報を役立てながら活動するようになるとともに、公共の施設を大切に利用するなどして、社会とのつながりなどを意識するようになる。

自然との関わり・生命尊重

5領域では…おもに 環境

自然に触れて感動する体験を通して、自然の変化などを感じ取り、好奇心や探究心をもって考え言葉などで表現しながら、身近な事象への関心が高まるとともに、自然への愛情や畏敬の念をもつようになる。また、身近な動植物に心を動かされる中で、生命の不思議さや尊さに気付き、身近な動植物への接し方を考え、命あるものとしていたわり、大切にする気持ちをもって関わるようになる。

言葉による伝え合い

5領域では…おもに 言葉

先生や友達と心を通わせる中で、絵本や物語などに親しみながら、豊かな言葉や表現を身に付け、経験したことや考えたことなどを言葉で伝えたり、相手の話を注意して聞いたりし、言葉による伝え合いを楽しむようになる。

豊かな感性と表現

5領域では…おもに 表現

心を動かす出来事などに触れ感性を働かせる中で、様々な素材の特徴や表現の仕方などに気付き、感じたことや考えたことを自分で表現したり、友達同士で表現する過程を楽しんだりし、表現する喜びを味わい、意欲をもつようになる。

保育記録の具体事例 満3歳児

（満3歳児の姿）

信頼できる大人に依存しながら自我を出し、
興味のあることに関わろうとする時期

体

手伝ってもらいながら
自分でしようとする

食事・排泄・着脱など身の回りのことは自分でしようとするが、手伝いを必要とする。歩行が確立してくる。走ったり転がったり全身を使い、体を動かすことを楽しむ。手遊びや歌、リズミカルなダンスなどをまねしながら喜んでいる。手先の操作はぎこちないがやりたがり、手伝ってもらう。

心

信頼する大人に
依存しながら自己主張する

自我が育ち「ダメ!」「イヤ!」と自己主張がみられる。なんでも自分でやりたがり、思うようにできないと、癇癪を起こすが、依存も強く「やって!」「できない!」と甘える。場の変化や知らない人に出会うと不安になり、泣いたりパニックになったりする。信頼している人がそばにいると安心して、行動する。

遊び

好きな遊びを
自分のペースで楽しむ

好きな遊びを自分のペースで遊び、自分の領域を守ろうとして遊び道具を独り占めする。遊びの持続は短く、いろいろなものに興味が移る。保育者と一緒にごっこ遊びを楽しみ、模倣をする。行動範囲が広がると、探索活動が盛んになり遊具や素材に触れ楽しんで遊ぶ。また友達の遊びに興味をもち、まねしたり、追いかけごっこをしたりして声を立てて遊ぶ。

人との関わり・社会性

大人に仲介してもらいながら
相手の存在に気づく

保育者や信頼できる大人と関わり、依存したり独占したりして、安定していく。友達の遊んでいるおもちゃに興味をもち、取ろうとしてケンカになるが、保育者に仲介してもらいながら、相手の存在に気づき関わろうとする。気の合う友達と一緒にごっこ遊びをしながら、まねして関わりを楽しむ。遊びの幅が広がると同時に、いろいろな人と関われるようになる。

言葉・認識

言葉に興味をもち
語彙が増える

語彙が増え二語文三語文で話し、発音がはっきりしてくる。日常生活のなかで親しい人の言葉はほぼ理解するが、自分が思ったように話せず戸惑うことがある。自分の気持ちやしてほしいことを保育者に伝えようとする。くり返しの言葉や擬声語に興味をもち、まねして言うことを喜ぶ。物の見立てをしたり、意味づけたりする。

母親から離れ不安になり、保育者に依存する

登園時、「ママー！ママー！」と母親の後ろ姿に手を伸ばして泣き叫ぶ子、目に涙をいっぱいためてシクシク泣いている子、目で不安を表しながら、おもちゃを手に座りこんでいる子、部屋中をグルグルと走り回る子、無言で水遊びをしている子…。子どもたちは入園当初、はじめの一歩をいろいろな姿で現しています。

母親から離れたことによる不安やはじめての慣れない環境に対する戸惑い、はじめての集団生活で部屋中が不安と混乱でいっぱいです。不安な子は保育者に抱っこされ、その子の満足のいくまで甘えさせてもらいやっと落ち着きを見せてきます。さらに、肌触りのよいぬいぐるみや好きなおもちゃに依存し、たっぷりと遊ぶことで次第に楽しくなり、徐々に園生活に慣れてきます。

この時期の
特徴や変化
に注目!!

保育者との関わり

個人差が大きい

　身体的な育ち、遊びへの興味、社会性の育ち、心の育ち、生活環境など個々の育ちの違いから、個人差が大きい。保育者への要求や関わり方も個々の違いがみられ、自分の思い通りにならないと泣いたり、パニックを起こしたりする。

母親から離れて不安で泣く

　入園当初、母親から離れることで不安になり、泣いたり暴れたりして混乱する。保育者が積極的にスキンシップを多くとることで、次第に落ち着き、母親と同じように甘えてよいことがわかってくる。

保育者に対して安心感をもつ

　とにかくどうしてよいかわからず不安になりただ泣くばかりだったが、その気持ちを保育者がスキンシップを大切にして十分に関わることで、少しずつ保育者に心を開くようになり、安心感をもてるようになる。

園生活との関わり

ママーッ
ママーッ

生活の違いに戸惑い、混乱する

　家庭と園での生活に違いがあることに戸惑う。例えば、園生活にはきまりがあること、同じものがたくさんあること、シールを貼ってある自分の場所を探したりすること、片づけなど時間の流れが決まっていたりすることなど、生活習慣に戸惑いパニックになる。保育者にやってもらったり助けてもらったりしてくり返すうちに、生活のリズムや過ごし方に慣れ、安定していく。

園生活に慣れて遊びはじめる

　家庭的な環境設定のなかで遊んだり、小動物を見たり、園内を歩いたりすることで、少しずつ気持ちが安定し、遊びを楽しめるようになる。

　また、保育者が丸ごと受け入れてくれることで、保育者は自分のことを守ってくれる人なんだということがわかる。そして、園のなかで楽しめる遊びが見つけられるようになると、園にいることの"心地よさ"が感じられるようになる。

気持ちが少しずつ安定し、周りが見えるようになってくる

　入園後数か月がたち、今まで母親と離れられず泣いていたカオルや、パニックになって走り回っていたケイタも、その不安な気持ちや戸惑っていた心を保育者に受け入れてもらうと、少しずつ安心し、周りが見えるようになってきました。すると、園にはおもしろそうなものがたくさんあることに気づき、遊びはじめます。

　小麦粉粘土でベタベタと感触を楽しんでいるカナ、アキは砂場で砂と水で泥まみれになりご満悦な顔。ヒロはお気に入りの赤い三輪車に乗っています。どの顔もうれしそうです。でも、カナのところに大きい組の友達が寄って来たり、アキが他の子に好きなシャベルを取られたりすると、とたんにパニックになります。保育者に助けを求め、支えられながら自己を発揮している子どもたちです。

この時期の特徴や変化に注目!!

保育者や友達との関わり

保育者に依存する

園に慣れ、園生活の流れがわかり、生活習慣や遊びなど自分でやろうとする気持ちも出てくるが、気分の変化も激しくこだわりもあり、自分の気持ちがコントロールできず、保育者に依存することが多い。保育者が依存を受容することにより、気分を変え、やる気をもって行おうとする。

友達とケンカする

友達から刺激を受け、行動を見続けたり、まねしたりして遊ぶが、ほとんどはひとり遊びが多い。友達に邪魔されたり物の取り合いになったりすると、手や口（かむ）を使うケンカとなり、泣くことも多いが、保育者が仲裁役になり、少しずつ仲間を知るようになる。

遊びとの関わり

やりたい遊びを見つける

保育者と一緒に遊びを見つけたり、偶然に遊びを発見したり、周りの友達のやっていることを見たりするうちに遊びをまねして、自分もやってみようとする。また、いろいろな遊びをやってみるが、集中せず飽きやすい一方で、遊びの世界に入り込み、我を忘れて没頭することもある。

感覚遊びを好み、感触を楽しむ

水遊びや泥遊びのペタペタ、フワフワ、デコボコなどの感触を楽しみ、くり返し行おうとする。また、汚れたりぬれたりを気にせず遊び込むが、あるときは、気分によってそれを嫌がり「やらない」と言って、かたくなに拒んだりすることもある。

マイペースで遊び、困るとパニックになる

遊びへの興味が出て遊びに入り込むが、自分の世界に没頭し、友達との関わりはあまり見られない。また、自分の遊びが友達や時間（帰りや昼食）に邪魔されるとパニックになり、泣いたり暴れたりし、自ら立ち直れず保育者の手を借りることが多い。

保育者の力を借りながら、仲間と遊ぶ姿が増えてくる

入園してから数か月がたち、仲間と遊ぶ姿が増えてきました。

姉のクラスに出かけてばかりいたユウジは、同じクラスのヨシキと遊ぶことが多くなりました。途中入園のショウゴも保育者のそばを離れて、ダイキにくっついてテレビのキャラクターのまねをして遊んでいる姿を見かけます。マドカとリナは、お互いに「○○ちゃんのようにして」と、リボンを結んでもらったり、同じように折り紙を折ってほしいと、注文をつけてきたりします。

それでもトラブルが起きて自分で解決できないときには、すぐ保育者のところに戻ってきます。友達とくっつき合って、一緒にいる心地よさや遊ぶ快感を感じつつ、保育者の力を借りながら友達と保育者の間を行ったりきたりしているのが3期の子どもたちの姿です。

この時期の特徴や変化に注目!!

保育者や友達との関わり

友達とくっつきたがる

何となく気が合いそうな友達のところに行く。「お兄ちゃん、トンボとったよ」「おばあちゃん、来たよ」と、会話をしているというよりも、勝手につぶやいている。相手のつぶやきに刺激を受けて反応することもあり、一緒にいることを楽しんでいる。

友達の遊びをまねてみる

机に並んで座り、同じしぐさで渦巻き（なぐり描き）を描いたり、顔を見合わせてニコッとしたりする。遊んでいる仲間のところへ行き、同じような物を作ろうとするが、できないと「作って」と保育者に頼る。

友達と同じことをしてみたがる

「先生、おはよう」「先生、おはよう」とオウム返しに言葉をくり返したり、「ヤーッ」「ヤーッ」とテレビのキャラクターのポーズと同じポーズをしてみたりなど、友達と同じことをしたがる。

まねをすること、同じことをするのを楽しむ

まねをすることで安定し、同じであることで安心している。同時にまねをすることが、相手に対する親愛表現（言葉によらない身体的表現）の手段になっている。登園してくると、このような形でコミュニケーションが取れる友達がいることを喜ぶ。

うまく行かないと泣いて自己主張する

同じ物を作ってみたが、相手から「ダメーッ」と拒否されたり、相手との関わりのなかでうまく話せなかったり、自分で処理できないとワーンと泣いて自己主張のサインを出す。保育者に訴えたり、仲介に入ってもらったりすることで、改めてお互いを知っていくきっかけになる。

保育記録の具体事例

母親と離れられずに泣く

　入園してから10日が過ぎ、やっとサユリの顔に、笑顔が多く見られるようになってきました。

　入園当初は、登園しても泣いて母親にしがみつき、離れられず、保育者が抱きとっても、母親は後ろ髪を引かれるのか、なかなか立ち去れないでいました。保育者に抱っこなどされて密着していると次第に落ち着いてきました。

　その後は、少し興味を引くもので遊んでは、フッと思い出したように泣き出していました。そんなときは、保育者がほっぺたをくっつけたり、"高い高い"をすると落ち着き、うれしそうに笑います。

A

自立心

母子分離不安の気持ちを全身全霊で主張している。保育者に依存し、受容してもらうことで、母親以外の周囲の大人や環境に信頼と好奇心を向けることが、自立への第一歩になっている。

B

健康な心と体

保育者がそばにいることで安心を感じ、身支度など生活習慣的なことを自分で行うことで、自信につながっていく。

C

協同性

自分の不安な思いを保育者がありのままに受け止め、共感してくれたことで、心が安定し興味を広げている。保育者との温かいスキンシップの経験を重ねることで保育者に親しみ、一緒に遊ぶ心地よさを感じるようになっている。

STEP 1 子どもの姿 **ありのままに記録しよう！**

4月10日 入園。母親と一緒のときは落ち着いていたが、記念写真で母親と別れて座るのを嫌がり、母親にしがみついて大泣きする。

4月14日 A 毎日のように母親との別れぎわに「ママー!!」と大泣きする。しかし、B 保育者に抱きかかえられると落ち着き、身支度など生活習慣的なことは、保育者がそばについていると自分でできる。

4月20日 登園時に泣くことがなくなり C 「てんてい、てんてい」と保育者のことを親しく呼ぶようになり、行動はつねに保育者と一緒である。保育者に頼り切っていることが感じられる。

STEP 2 考察 **行動の意味を考えて記録しよう！**

サユリにとって、人との関係は母親との関係がほとんどであったために、新しい人との関係に大きな抵抗があったのだろう。A 今まですべてを母親に依存していたために、母親と離れることが大きな不安になり、泣いたり保育者にしがみついたりという行動になった。

しかし、保育者が自分を受け入れてくれるとわかると、C 保育者に全面的に頼ろうとする。だれかに依存していく気持ちが強く、母親の代わりになる存在が必要といえる。

STEP 3 保育者の関わり **環境構成や援助など、具体的に記録しよう！**

保育者がサユリの不安な思いを丸ごと受け入れることで、C 園では母親への依存を保育者への依存に代えて、甘えられるようになった。

また、B スキンシップをすると同時に保育者と一緒に遊びを見つけ、一緒に遊んだり、園でのことを母親に伝えたりしていった。

保育者が自分にとって心地よいことをしてくれる人だということがわかってきた。

保育記録の具体事例

満3歳児 1期

個人簿

タケオ
の記録

自分のしたいようにする

　タケオは、6月に満3歳になり、年少の3歳組に入園しました。入園した日からパワー全開で、在園していて少し落ち着いた3歳児もびっくりです。タケオの通った後は大騒ぎ。水道の栓を全開にし、その水に手のひらを押しつけ水をはじき飛ばしたり、壁面装飾をはがしてみたり、水槽におもちゃを投げ入れたり、マジックで床や壁に描いてみたり、年長児の作った砂の団子を踏みつけてしまったりと、興味のあることは何でも試してみるタケオです。

A

自立心

環境に戸惑いつつも、見る物触る物に興味をもち、自らやりたいと思う気持ちは、個性や自立心の基盤につながっていく。

B

道徳性・規範意識の芽生え

園にはたくさんの友達がいることや、園で使うものには扱い方があることを遊びのなかで、そのつど伝えていくことが、規範意識の基盤になる。

C

健康な心と体

思い切り体を動かし、思いのままに遊ぶことはよいことだが、心地よさや気持ちよいと感じる経験を重ねながら、生活に必要な習慣を身につけていく。

STEP 1 　子どもの姿　ありのままに記録しよう！

6月5日　入園当初は、_Aじっと席に座っていることができず、走り回ったり、おもちゃを投げたり、見る物触る物に興味を示していた。

6月10日　母親と離れるときもまったく抵抗なく、それどころか、保育室の中に上履きもはかずにかけこんでいく。年長児のまねをして出席シールを貼る。また、かばんを置かずに水道の栓を全開にし、そばで水しぶきが飛び散るのを喜んで見ている。_Bやめさせようとすると、体をよじってヤダヤダという気持ちを表現している。同じクラスの3歳児もそんなタケオを見てやめさせようと手を引っ張ったり、頭をたたいたりするようになった。

6月25日　保育者の用意した_C絵の具を手にいっぱいつけ、大きな紙に思い切り自由に手を動かし、フィンガーペインティングを楽しそうに行う。年長児のまねをしたくて、トイレで立っておしっこをしようとする（家では座ってしている）。

STEP 2 　考察　行動の意味を考えて記録しよう！

　タケオは好奇心旺盛な子である一方、入園に戸惑い、どうしてよいかわからずに行動している。母親は、タケオがほんとうにしたい遊びを家庭でさせてあげていないようである。特に、触って試す遊びが行えていないようだ。家庭で自分のしたいことが十分に行えない分、_B園に来ると、保育者が受容してくれる環境のなかで、やってみたい気持ちを次から次へと発散しているのであろう。そのときに、まだ自己中心的で周囲の状況が考えられないため、周りに迷惑をかけてしまう。

STEP 3 　保育者の関わり　環境構成や援助など、具体的に記録しよう！

　_Bタケオの気持ちをありのままに受け入れてあげるため、受容しながらも、してしまった行動のいけない点を伝えるようにした。マジックで床や壁に描いてしまったときは、すでに何回も遊び込んで要領のわかっている3歳児に手伝ってもらいながら、大きな新聞紙やカレンダーの裏を出して「ここなら描いてもいいよ」と伝えた。このように、_Aただやめさせるのではなく、タケオのやりたい気持ちが満たされる代わりのものを用意した。こうした積み重ねのなかで、_C"先生は心地よくしてくれる人"ということがわかり、安心感をもって保育者に接することができるようになった。

満3歳児 2期

個人簿
タダヒロ
の記録

好きな遊びで遊ぶが、邪魔されたりするとパニックになる

　満3歳で4月に入園したタダヒロは、はじめは母親から離れられず泣いていました。3か月を過ごし、7月には保育者に依存しながらも大好きな砂場遊びで連日遊ぶようになり、毎日のように朝、「先生、お砂場行こう！」と保育者の手を引っ張って砂場に行きます。はじめは、「先生、ここ！」と保育者の座る位置をさし、座らせてから自分のシャベルで穴を掘ったりしていますが、そのうち夢中になると、保育者がいなくなってもマイペースで遊びます。

　ある日、砂場でタダヒロが大泣きする声がし、保育者が行ってみると年中児のヤスオが茫然と立っていて「ぼく、ちょっとこれ（シャベル）借りようと思ったのに」と言います。それからのタダヒロは、毎日泣くことが多くなりました。

STEP 1　子どもの姿　ありのままに記録しよう！

7月3日　入園後3か月がたち、はじめは泣いていたタダヒロも最近は落ち着き、大好きな砂場で遊ぶようになった。A 毎日保育者が手を引いて砂場に行くが、自分のペースで遊べるようになると保育者がその場を離れてもひとりで遊んでいた。しかし、この日は年中児のヤスオとシャベルの取り合いになり大泣きし、砂場でおしっこをもらしてしまった。その後、保育者が受容しても泣き続け、着替えも嫌がって暴れた。

7月4日　泣いて登園する。母親も心配し「“お兄ちゃんが怖い”と言うのです」と言う。母親から抱きとるとペタンと抱きつき、泣いたままでいる。途中泣きやむが、B 保育者のエプロンのすそをつまんでくっつき歩きをする。

7月5日　前日に続いて泣いて登園する。朝、しばらく泣き続ける。今日は砂場に誘ってみるが、嫌がる。しばらく抱きながら砂遊びをしたが、自分からはやらなかった。

STEP 2　考察　行動の意味を考えて記録しよう！

　入園当初は、状況が読めないまま母親と分離して不安になっていたが、保育者に受容され、A 環境に慣れて少しずつ遊びを広げてきた。しかし、C 生活や遊びのなかで自分の思い通りにならなかったり、状況が理解できなかったりすると、困ったり泣きたくなったり、「ダメ！」を連発したりし、どうしたらよいかわからず、不安になることや混乱することが多くあり、保育者に依存する。今回も、年中児のヒロシがシャベルを取ったことが気に入らなかったようだ。

STEP 3　保育者の関わり　環境構成や援助など、具体的に記録しよう！

　まず優先順位を考え、第1に B タダヒロが不安に思っている気持ちを受け入れ、しばらく抱いたりそばにいたりしてスキンシップをし、受容していった。そして、相手（年中児）の気持ちを「貸してほしかったんだって」と伝えていった。毎日スキンシップをしながら、砂場へも足を運んでいった。

　C 園生活においてはいろいろな事態が起こるので、タダヒロもそれを体験しながら、慣れ親しんでいけるよう、受容していこうと思っている。

A

健康な心と体

砂や水など五感を刺激され、心地よさを感じることで心が解放され安定する。心も体も十分に使うことで、喜びを感じる。

B

協同性

思い通りにいかない気持ちや不安な思いを保育者に受け止められたり、そばにいることで心が安定したりする。そのような経験を重ねていき、自分が大事にされていることを基盤に、相手にも気持ちがあることに気づき、自分の気持ちを調整していく。

C

社会生活との関わり

園という社会には、自分よりも年上の子どもがいることやたくさんの友達がいること、いろいろな出来事が起こることを経験し、子どもの世界を広げていく。

保育記録の具体事例

満3歳児 2期

個人簿
ケイコ
の記録

仲間としての意識が出はじめる

「先生、ケイコちゃんがダンスをやらないの」と3歳児クラスのミサがちょっと困った顔で言ってきました。ケイコは満3歳で6月に入園、園生活に慣れると人形を抱っこしたり、ドレスを着てお姫様になったりしてマイペースで遊び、クラスの活動になかなか入ってきませんでした。自分のことで精一杯だった周りの子どもたちは、10月になると友達と関わって遊び、仲間としての意識が出てきて、ミサもケイコを気にするようになりました。

ペアで手をつないで踊る運動会のダンスでは、相手役のケイコは相変わらず活動に入らず、ミサは困ってしまいました。

STEP 1 　子どもの姿　ありのままに記録しよう！

10月2日　満3歳児の子どもたちは、運動会は何だかよくわからないが、何か楽しいことをやるに違いない、と思っているらしい。A 年長児が綱引きをしたり、年中児がダンスをしたりしているのを見て「ぼくたちやるの？」「わたしもやりたい」と言ってくるが、B ケイコは相変わらずマイペース。ダンスをするときも「イヤ！」と言って入ってこず、部屋でひとりままごとをしている。担任として少し困ってしまった。

10月3日　ダンスで2人組になるところがあるので、しっかり者のミサをケイコの相手にした。ミサは一生懸命ケイコを誘うが、ケイコは入ろうとせず、ミサは困ってしまっている。

10月5日　少しずつクラスのダンスがまとまってきた。今日はケイコにお気に入りの人形を持たせ「お人形さんも一緒に踊ろうね」と言うと、ケイコは人形とミサと一緒に踊りはじめた。C ミサもホッとした顔をした。

STEP 2 　考察　行動の意味を考えて記録しよう！

この時期の満3歳児は、状況や流れなどが見えないのであろう。3歳児もまだまだだが、集団としての経験を重ねるうちに少しずつ理解してきた。しかしケイコは、6月に入園し、やっと園の雰囲気がわかりはじめ保育者に助けられながら B 好きな遊びをくり返し、自分の場を見つけ安定している状態である。"みんな"という意味も、集団のなかで自分がどう動いたらよいのかも理解できる状況ではないし、自分もその必要性を感じていないのだろう。ケイコにとっては、運動会やダンスへの興味はまだなく、B もっと自分自身が楽しめるものに興味をもっているのだろう。

STEP 3 　保育者の関わり　環境構成や援助など、具体的に記録しよう！

まずケイコの興味や好きなことを認めて、自己発揮させることが必要だと思った。しかし3歳児というクラスのなかでそれを行うためにはどうしたらよいかを考えた。そこで、今回ダンスへの参加を促す際に、ケイコのお気に入りの人形を持たせることにした。

すると安心したらしく「ミニちゃん（人形の名前）とダンスする」と言って C クラスのダンスに参加した。その後も人形を媒介としての C ダンスが楽しくなったらしく興味をもち、運動会当日は楽しそうに踊った。

A
社会生活との関わり

園生活に慣れ安定すると、年中児・年長児の活動にも興味をもち、周囲の様子や情報をキャッチするようになる。身近にいる異年齢児のダンスやかけっこをまねしたり、一緒に参加したりする。

B
自立心

新しい環境への慣れ方は個人差がある。保育者や環境に受容されて安定した子どもが、好きな遊びに夢中になる姿や自ら意思をもって行動に移している姿は、自立に向かう第一歩と捉えられる。また、好みの人形やおもちゃをよりどころに園生活に慣れて安定した後は、周囲への興味関心よりも、園の中のお気に入りの物や場所、遊びを自ら選択し、満足するまで遊んでいる。

C
健康な心と体

好きな遊びの世界から新たに興味関心が広がり、体を動かす楽しさや曲のリズムの心地よさなどを感じている。くり返しダンスをすることで体の動きを獲得したり、体を動かす気持ちよさを感じたりしている。

保育記録の具体事例

満3歳児
3期

個人簿

マドカ
の記録

仲間のなかで自己主張する

　正月明けの再会を互いに喜んでいた子どもたちですが、最近はだれかが遊んでいると必ず行ってのぞいて見たり、一緒に遊んだりする姿が見られます。

　小正月の招待でおじいさんがみえたマドカは、張り切って座布団やお菓子を運び、おじいさんの膝に乗ったりして甘えています。ふだんは大人しいマドカですが、おじいさんが来てくれたことがうれしく、意欲的に行動しています。

　保育者や親しいアスカの後について依存する場面もありますが、特定の人から広がり、みんなのなかの自分を意識したり、仲間のなかで何かをする自分を意識したりしているようです。

STEP 1 子どもの姿 ありのままに記録しよう!

1月13日 小正月の招待でおじいさんがみえた。_Aマドカは張り切って座布団を運ぶ。ふだんは大人しいマドカだが、おじいさんのひざの上に乗って降りない。お菓子を運ぶとき、_Bリナが運ぼうとするとピョンと飛び降りて「わたしのおじいさん」と言って、自分で運ぶ。

2月2日 節分を明日に控え、豆まきに参加する。まず、大きい組さんの様子を見た後で参加する予定だったが、マドカは年長組の迫力に驚き、保育者の後ろに隠れる。自分の順番がきても「一緒に、一緒に」と言って手を離さなかった。

2月5日 新入園児歓迎会。12月の発表会で歌った「ゆき」「ペンギンちゃん」を歌う。面倒見のよい_Cアスカのそばで、ついて歌う。

2月12日 配布物の余った手紙を「これ、事務室に持っていける人?」と聞くと、_C周囲を見回しながら(アスカは風邪で休み)チサトの後ろにくっついて並んだ。「大事なお手紙です。お願いします」と言って渡すと、こくりとうなずいた。_C事務の先生の話では、チサトの言葉をまねながら、お手紙ですと言ったとのこと。

STEP 2 考察 行動の意味を考えて記録しよう!

行事などを何度か経験してきたなかで、_D周囲を見ながら自分の行動が取れるようになっている。甘えながらも自分のおじいさんというこだわりをもって、_D自分で運びたいという意欲も見せている。特定の人から少し広がって、他のみんなのなかで自分を出したり、言葉だけでなくささいな表現で自己主張ができたりするようになってきた。

STEP 3 保育者の関わり 環境構成や援助など、具体的に記録しよう!

満3歳児なりのやり方で自己主張する姿を成長と捉えた。甘えるという依存の姿もときどき出てくるので、マドカへの協力をアスカに頼んだ。新入園児については、_D自分より小さい人が来るという認識で喜んでいるため、この喜びが新入園児のお姉さんという意欲につながるように、「○○できて、すごい」「いいな～」など、具体的な声かけをしていきたい。

また、保育者や親しい人に依存する場面もあるため、そのようなときは、無理強いせずにそのときの本人の気持ちを受け入れたい。

A 思考力の芽生え

家庭での来客時のもてなしや園での保護者を招く誕生会や敬老会の経験から思い起こし、考え行動に移している。祖父のいるうれしさに加え、自分の力でできることがうれしく、充実感を感じている。

B 言葉による伝え合い

園生活のなかで「貸して」「入れて」のやり取りの言葉を獲得し、未熟ながらも言葉での伝え合いをしはじめている。自己主張の強い気持ちはあるが、相手に対したたいたりせずに短い言葉で伝えている。

C 協同性

身近で模倣したい対象の友達のそばでまねをしながら、行動のしかたなどを友達から吸収している。まねをしたい2人の存在は安心のよりどころでもあるが、一緒に遊びたい友達として意識し関わりはじめている。

D 自立心

園での生活習慣がわかり余裕が出ると、周囲の様子に応じた行動が取れるようになり、自信がつき意欲も出てくる。新入園児の存在で、大きくなったという自覚と意欲がさらに高まり、自立心の礎となっていく。

満3歳児 3期

クラス日誌
子どもたち
の記録

少しずつ自分と周囲の関係がわかってくる

　クミコ先生に背負われて満3歳児のショウゴが泣きながら事務室に入ってきました。3歳児のダイチも一緒です。クミコ先生が「ダイちゃん、どうしてダメって言ったの?」とダイチに問いかけています。生活発表会の練習でショウゴもダイチも同じ○○マンをしたかったのですが、お面がじょうずに描けないからという理由で、ダイチに「ダメ」と言われたようです。3歳児クラスに入って少しずつ自分と周囲の関係がわかってきたショウゴにしてみれば、まねて描いたお面を理由がわからないまま否定されたことで泣き出したようです。

　様子を見ていた事務の先生や園長先生に「ショウゴくんのお面すてき」「自分でぬったの? すごいね!」と言われて、ショウゴはいつに間にか泣きやんでいました。

STEP 1 子どもの姿　ありのままに記録しよう！

2月5日　生活発表会に向けて、子どもたちに人気の絵本『おおきなかぶ』を取り上げることを話す。昼食の後で、ストーリーをくり返しながら一緒にかけ声をかけてみる。

2月8日　昼食の途中でも A「うんとこしょ、どっこいしょ」と、かけ声が出てくるようになった。発表会に向けて気持ちが高まるように、明日はお面を作る予定にする。

2月10日　お面を作っているとき、ショウゴが突然泣き出した。「どうしたの？」と聞くと、「お兄ちゃんが…」とダイチを指さしている。ダイチを見ると、B 少し困ったような顔をしていたので、Y先生にその場を頼み、事務室でダイチから様子を聞いた。

STEP 2 考察　行動の意味を考えて記録しよう！

　母の出産と、満3歳になったことが重なり、9月から入園してきたショウゴ。運動会までは、不安な様子で保育者のそばを離れなかったが、運動会後は C ダイチのことが気に入り、登園するとダイチにくっついて遊ぶようになった。運動会の練習を通してダイチに手をつないでもらったり、並び方など世話をしてもらったりしたことが、C ダイチへの信頼感につながっていった。少しずつ、新しく生まれた妹の名前や様子を話すようになり、ダイチや周りの人とのコミュニケーションを取りはじめていたショウゴにしてみれば、兄のような存在のダイチから否定されたことが大きなショックだったようだ。なぜなのかという状況もわからないまま、泣くことによって自己主張し、保育者に訴えたようだ。

STEP 3 保育者の関わり　環境構成や援助など、具体的に記録しよう！

　事務の先生や園長先生の褒め言葉に泣くのをやめたショウゴなので、受容の必要性を改めて痛感した。一方、D ダイチは描画の発達段階ではショウゴより進んでおり、キャラクターの色などよく理解しているための発言だった。そこで、ダイチの知っていることを褒めながら、ショウゴはまだ小さいことと、B ダメという言葉による驚きや気持ちを理解するように伝えた。5月入園のユウジやヨシキに比べると、ショウゴと仲間の間にはまだまだ保育者の介入が必要であると反省させられた。

A

言葉による伝え合い

「うんとこしょ」と動作に応じたくり返しのある言葉に、感覚的に心地よさを感じるとともに自分のなかに取り込み、発するおもしろさを感じている。おはなしやいろいろな言葉に触れることは、言葉による表現を広げていく。

B

道徳性・規範意識の芽生え

相手を泣かせてしまったことはよくないと感じてはいるが、まだ相手の気持ちは理解できない。保育者が介入し「ダメ」と言った理由を聞き受容し、相手の気持ちに気づけるように丁寧に伝えていく。

C

協同性

頼れる魅力的な存在として関わりはじめている友達とのトラブル。保育者の援助を受けて、今回のような経験をくり返しながら、自分の気持ちを伝えたり相手の気持ちに気づいたりし、友達と一緒にいることが心地よくなる。

D

豊かな感性と表現

個人差も大きく、この時期の子どもの表現は形にならないことも多いが、保育者は作品の出来栄えよりも伸び伸びと表現したことを認めて、表現をすることが楽しい、もっとやりたいと思えるように言葉をかけたい。

保育記録の具体事例 3歳児

(3歳児の姿)

依存から自立に移行し、自分の興味や
関心のあることに自己発揮する時期

体

基本的な生活習慣や運動機能が育つ

食事・排泄・衣服の着脱などの基本的生活習慣は、ほぼ自分でできるようになる。歩く・走る・跳ぶなどの基本的な運動機能が育ち、歩行も安定して長く歩けるようになる。できることがうれしく、いろいろ試したりくり返したりして遊ぶ。興味をもつと、遊具で滑ったり、登ったりして遊ぶが、バランスは未発達で転んだりすることがある。

心

遊びを通して自己発揮することで安定する

場や雰囲気に慣れないと不安になり、依存してスキンシップを求める。依存を受け入れてもらい気持ちが安定すると、興味をもったところに行き、いろいろ試しながら、遊びを通して自己発揮する。うれしいことは全身を使って喜び、嫌なことは大泣きするなど自我がはっきりしてくる。自己を発揮することにより、満足した気持ちになり、安定して落ち着いてくる。

遊び

好きな遊びを見つけ相手に共感して遊びはじめる

感覚的な遊びや体を動かす遊び、くり返して行う遊びに興味をもち、好きな遊びを見つける。日常で経験したことがごっこ遊びとなり、ままごとやヒーローごっこを楽しむ。友達とは、場を共有する並行遊びではあるが、相手に興味をもつとまねしたりして関わり、遊びはじめる。やがて友達と共感し、イメージを共有して遊ぶようになる。

人との関わり・社会性

友達との関わりが広がり約束やルールに気づく

依存を受け止めてくれる保育者を媒介として、周りの友達と少しずつ関わりを広げていく。遊び道具の取り合いなどで、友達とのトラブルが多くなるが、それを通して友達の存在に気づき、友達からの刺激を受け、まねすることが楽しくなる。友達のなかで順番を守ろうとしたり、約束やルールを守ろうとしたりする。手伝いをしたがる。

言葉・認識

話し言葉の基礎が作られ会話を楽しむようになる

自分の経験したことを伝えようとしたり、考えたことや感じたことを短い言葉で話したりする。挨拶や、遊びに必要な言葉（「入れて」など）を使う。語彙が広がり会話がスムーズになり、友達との会話を楽しむ。「なぜ」「どうして」と質問したり、見たことを状況判断して伝えようとしたりする。絵本や紙芝居に親しむ。

環境の変化に戸惑い不安になり、保育者や物に依存する

登園時、シクシク泣いて親と離れられない子、保育者に抱かれて「ママがいいー！」と大泣きする子、走り回っている子、上着のポケットに両手を入れて、手持ちぶさたでフラフラしている子など、いろいろな姿の子どもたちで園内は大騒ぎです。保育者との出会いだけでなく、子ども同士も初対面…不安がいっぱいのはじめての集団生活に、みんな戸惑っています。

園の家庭的な雰囲気を感じ、保育者のスキンシップに守られて、甘えられるようになると、ようやく落ち着きを見せてきます。

小動物と触れ合ったり、好きなおもちゃをしっかりにぎったりと、物にも依存してきます。そんな生活のなかで、保育者や環境に受容されて、徐々に園生活に慣れていく子どもたちです。

この時期の
特徴や変化
に注目!!

保育者との関わり

母親から離れて不安で泣く

　入園当初、母子分離の不安で、泣き、暴れるが、保育者に抱かれたり、手をつないでもらったりして、母親と同じように甘えられる保育者がいることがわかってくる。

保育者と一緒に遊ぶ

　泣きながらも保育者と手をつなぎ、小動物に餌をやったり、ままごとコーナーで座ってままごとをしたりして、保育者と一緒に遊びながら、少しずつ気持ちが安定してくる。

保育者に信頼感をもつ

　靴を履き替える、自分なりに身支度するなど、はじめての園生活に戸惑いながら、保育者の援助で、少しずつ自分でやろうとし園生活が送れるようになる。保育者との信頼感が生まれてきている。

園生活との関わり

環境に慣れるまで混乱する

　ロッカーにかばんをかけること、靴を取り替えること、トイレが家庭と違っていることなど、はじめての環境と園生活に戸惑い、パニックになることもある。しかし、保育者にやり方を教えてもらったり、年長児に手伝ってもらったりして、生活のリズムや過ごし方に慣れ、安定してくる。

園生活に慣れて遊びはじめる

　保育者の介添えで好きな遊びを見つけ、園内の物や出来事に接することをくり返しながら「心地よい」ものを見つけたり、逆に「しまった」と失敗感を味わったりもする。それを保育者が丸ごと受け止めていくことにより、子どもたちは安心感をもち、自分の居場所や充実した生活の場を見つけていこうとする姿を少しずつ見せはじめる。

気持ちが安定し、いろいろな物に興味や関心をもつ

　ミチコ先生が、半分に折った画用紙の片面に、絵の具をポトンと落としては、もう一方の片面をパタンと折り、デカルコマニーを楽しんでいると、すぐに5～6人の子どもたちが集まってきました。「先生、何してるの?」「わあ、きれい!」「ユウくんもする!」「ミーちゃんもやりたい」と興味津々です。

　「トントントン。こんにちはー」と、段ボールで作った家の前で保育者が戸をたたくまねをすると、待ってましたとばかりに、「はーい」とニコニコ顔を見せる子どもたち。

　はじめは気持ちも不安定でしたが、今ではいろいろな遊びをすることが、おもしろくなってきています。

　友達との関わりも見られ、ぶつかり合いもあちこちで起こります。

この時期の
特徴や変化
に注目!!

園生活や遊びとの関わり

自分の遊びたいものを見つけて遊べるようになる

　入園初期の気持ちの不安定さも少なくなり、一人ひとりの子どもが、「はさみでチョキンチョキンして、ごちそうを作ろう」と紙テープを切ったり、お面をかぶり、動物になって飛びはねたりして、自分の遊びたいものを見つけて遊べるようになる。

自分の世界に没頭して遊び込む

　クレヨンでぬたくりをしているうちに、グルグル描きになり、夢中で同じことをくり返している。また、汚れた手を石けんで洗っているうちに、泡が出てくるのがおもしろくなり、くり返しくり返し同じことを楽しむ。自分で選んで没頭した遊びの後は、満足しきった表情が見られ、集団のなかにいても、ゆったりした気持ちの安定が見られる。

遊びや、遊びのときの気分が長続きしない

　今、喜んでお面をかぶって動物になって遊んでいたのに、○○ちゃんがぶったとか、自分で転んだなどのハプニングに影響を受けやすく、大声で泣き叫んだり、すねたりする。

　いろいろな遊びに興味や関心を示し、次々と遊びを変えていく姿も見られ、気分が変わりやすく集中する時間が短い。

友達との関わり

わぁ
きれい!

同じ遊びをしながら、友達と関わることを楽しむ

　同じ遊びをしている友達と、偶然の関わり合いから「同じだね」と言い合ったり、ハンカチを見せ合ったり、作った首飾りをかけて、手をつないだりして笑い合うなど、共感することを楽しむ。

トラブルが多発する

ヤダー

　いろいろなことをやりたがるが、自分の気持ちのままに動くことが多く、ぶつかり合いがよく起こる。言葉よりも手が先に出て、相手をかじったり押したりたたいたりする。何かあると、その場で大泣きしたりするが、保育者に抱いてもらったり助けてもらったりすると、気持ちが安定するのも早くなる。

友達や保育者のなかで自分を主張することが楽しくなる

最近クラスがにぎやかになってきました。保育者が「この歌をみんなの前で歌ってくれる人いますか?」と尋ねると「ぼくも」「わたしも」と、手をあげます。

サチが、みんなの前に立ちましたが、ニコニコしているだけで、肝心の歌は知らないようです。

また、粘土遊びの好きなトモヤは、新しい作品ができるたびに「先生、見て見て」と持ってきます。保育者が「ここのところ、難しいのによくできたわね。年長さんみたいね」と言うと、満足顔で、また次の作品を作りにいきます。

このように、みんなのなかで自分をアピールする子どもが多くなり、人に認められることがとてもうれしい様子です。

保育者や友達との関わり

認められたいという気持ちが強くなり、自分の存在をアピールする

「見て見て、ぼくここにいるよ」という、自分の存在をアピールする姿もよく見られるようになる。自分のやりたい遊びを進めているうちに、次第に友達と遊ぶことのおもしろさにも気づきはじめ、それとともに、自分の存在を保育者や友達に認めてもらうことが心地よくなってきている。しかし、人から認められたいという気持ちが先に立ち、表現手段はまだ感覚的なものだったり、見通しがないままに行動したりすることも多い。

言葉が多くなる

保育者や友達のなかで自己主張をしたい気持ちから、自分を表現する手段としての言葉が多くなり、子ども同士の会話も多くなっている。

自分に自信がつき、意欲的な姿が見られるようになる

保育者に認められ、遊びのなかで充実感を味わううちに、少しずつ自信がもてるようになってきている。それにともない着替えを自分ひとりで行ったり、保育者の手伝いを進んでしたりと意欲的に生活する姿が見られるようになる。

園生活や遊びとの関わり

やりたい子が当番活動をするようになる

友達の存在を意識するようになると、そのなかで自分をアピールする気持ちが強くなり、手伝いや当番活動をやりたがる。みんなの前に立ったり、大きな声を出したりして、人に気づいてもらうことを喜んでいる。

水遊びにも表れる「自己主張」

暑さとともに水遊びが盛んになる。まず自分自身で水の感触を楽しむが、すぐに友達と一緒に同じ感覚を共感し、楽しめるようになる。

友達との遊びに興味をもつ

ひとりでの遊びから、友達との遊びに興味をもちはじめ、「入れて」「いいよ」の会話を楽しむ反面、「遊ばない」「ヤダ!」と自分のペースで主張したりする。

生見て見て!
んどのヘビ

お当番さん
ありがとう!

友達と一緒にいることや、同じことをすることが楽しくなる

「先生！ アカリちゃん来た？ だって、お姫様ごっこするって約束したんだもん」と、コハルが友達を探しています。

一方では男の子たちが数人、新聞紙を丸めた剣を持ち、飛び上がったり、ポーズをとったりしながらヒーローごっこで遊んでいます。

この時期の3歳児は、友達と一緒にいることや遊ぶこと、そして会話も楽しんでいます。

「先生、コウちゃんみたいに作って」と、ユウキが紙とセロハンテープを持ってきました。見るとコウが手の甲に紙を巻き、ヒーローのプロテクターにしています。

友達の行動や様子を観察し、まねをしながら、自分自身のものにするため、いろいろな遊びにチャレンジしている様子が見られます。

この時期の
特徴や変化
に注目!!

友達との関わり

友達と関わり、一緒に遊ぶおもしろさを知る

　親しい友達数人と、同じ遊びをくり返し、仲間と遊ぶおもしろさや楽しさを感じ取っている。

　また、自分の気持ちも出せるようになり、相手の気持ちを少しずつ受け入れられ、ともに落ち着いて遊べるようになる。

友達とイメージを共有して遊ぶ

　ごっこ遊びで、ストーリーや内容に共通のイメージを見つけ、役を決めたり、相手の思いを受け入れたりしながら遊んでいる。

会話を楽しむ

　言葉が著しく発達して、場面に合う言葉がスムーズに出るようになる。また、友達との会話も豊かになり、共感して笑いころげたり、言葉のおもしろさでふざけ合ったりして会話を楽しむようになる。

園生活との関わり

当番活動を行う

　みんなのなかの自分、という意識が強まり、手伝ったり助けたりすることに興味をもち、机ふきや花の水やりなどの当番に関心をもつ。また小動物（鳥やハムスターなど）の世話もやりたがり、保育者と一緒に行う。

行事を楽しみに待つ

　今まで参加した行事で楽しさやおもしろさを経験したので、これから予定している運動会やいも掘り遠足、発表会など、行事が近づくとそれを待ち望む気持ちが出てくる。しかし、当日になると、興奮や疲れで泣き出すこともあり、保育者や親に依存することがある。

生活習慣などに慣れてルーズになる

　毎日行う身支度や準備などは習慣として身につけているが、片づけや道具箱の整理は、いいかげんになってきて手抜きをすることがある。

言葉が増え、友達のなかで自己を発揮し、相手と共存する楽しさを知る

3学期のはじまりには、ひとまわり成長して登園してくる子どもたち。4月の不安定な足どりや、夏休み明けの少しはずかしそうな顔つきはどこにもありません。

登園するなり、遊びがはじまります。

ハルト「おい、ハヤト遊ぼうぜ」

ユウト「タクヤ、そのいすここに重ねていいよ」

ミナト「ね、ジャンケンしよう」

ソウスケ「グーだよ。ぼくの勝ち。次の人」

カナ「学校ごっこする人、この指止まれ」

アユミ「わたしのする通り、するんだよ」

自分の言葉で仲間に向かって表現し、気持ちを伝えます。以前より遊びも持続し、仲間との間で充実感を味わっているようです。

この時期の
特徴や変化
に注目!!

友達との関わり

友達と一緒だと楽しい

　カルタやすごろく、鬼ごっこ、基地ごっこ、ままごとなど、今まで以上に多人数でする遊びが増えてきている。特にフルーツバスケットなど、全員でできる遊びを喜ぶ。発表会などでも、友達と一緒にすることを楽しみ、仲間関係がさらに深まり、信頼感とクラス意識の高まりが見られる。

友達との会話がスムーズになり、気持ちが通じ合う

　言葉が増えてきているが、単語数が増えただけではなく、自分の考えを言葉で表現したり、周囲に伝えたりすることができるようになってきている。相手の言っていることが理解でき、共感し合う。

安定して自信がつく

　これまでの生活を基盤として、一人ひとりが安定した園生活を送っている。作品展の製作に、自信をもって取り組んだり、新入園児歓迎会では「○○をしてあげたい」と提案したりする。4月には進級するという自信が見られる。

園生活や遊びとの関わり

遊びの見通しがつく

　遊びの持続時間が長くなるとともに、経験をもとにした見通しが立ち、遊びに流れが生まれてくる。「○○するから、□□ちょうだい」と、遊びのなかで必要な材料を要求したり、友達との共同製作で「ここが終わったら、次はあっちを塗ろう」という声が聞こえたりする。また、はないちもんめで「○○ちゃんのこと、まだ呼んでないから呼ぼう」と提案するなど、見通しをもって活動したり、状況を判断したりする場面が見られる。

話し合いができるようになる

　仲間や年長児からの情報が今まで以上に取り入れられるようになり、新しい遊びも増え、ルールの工夫や小道具作りなど、遊びのなかにも充実感が見られる。言葉による表現力がついてきたため友達とイメージを共有するようになり、遊びの進め方やルール、役割分担などの話し合いもできるようになる。相手との信頼関係をもとにして、自己主張ができる。

やるー！

保育記録の具体事例

3歳児

1期

個人簿

サチ
の記録

母親と離れられずに泣く

サチは母親との別れぎわシクシクと泣きます。

保育者が迎えに出ても、保育室に入るのにちょっと時間がかかり、母親もてこずっている様子です。保育者や母親が話しかけても、首を振ってイヤイヤをするだけです。

他の子たちはずいぶん慣れて、泣く子も少なくなってきています。保育室を元気に走り回ったり、保育者の周りに来て眺めたりしている子もいるなかで、サチの母親は、「なかなかなじめないのは何かしつけに問題があるのか」「これからの園生活や友達についていけるか」などと心配しはじめています。

A

自立心

自分の場所がわかり、身支度のしかたを保育者に教えてもらったり手伝ってもらったりしながら自分でもできるようになり、保育者との信頼関係をベースに生活習慣の基礎を身につけていく。

B

健康な心と体

母子分離で不安だった心は保育者に受容されることで安定し、保育者との信頼関係のもとで、自分のやりたい遊びを見つけて遊びはじめる姿が見られるようになってきた。

2 保育記録の具体事例

3 歳児

STEP 1 子どもの姿　ありのままに記録しよう！

4月8日（入園式）　母親がみんなの座っているところに連れて行くと機嫌が悪く、手を離さない。心の不安定さを見せる。式の最中、手遊びや歌などに参加はしているが、視線はたえず母親を追っている。

4月15日　母親との別れぎわに泣いたり、暴れたりした。A 保育者が抱きとると、徐々に落ち着いてきて、保育者に手伝ってもらいながら身支度をした。

4月22日　登園時、玄関で「ママー!!」と泣き、母親を追いかけていく。母親はしゃがみ込み、「昨日もちゃんと迎えに来たでしょう、先生とおままごとしたって言ってたじゃない。たくさん遊んでね」と、言い聞かせるように話す。保育者が抱いて保育室へ。A 身支度をしているうちに泣き声が小さくなる。B ままごとに誘うと一緒に遊びはじめる。

STEP 2 考察　行動の意味を考えて記録しよう！

母親との関係が深く、新しい環境への抵抗があったようだ。入園と同時に、母親というよりどころ（頼れる相手）がなくなってしまい、だれかに依存したい気持ちを言葉ではなく、泣くという態度で示していた。

サチは両親と姉の4人家族。姉は小学校5年生で年が離れているためひとりっ子と同じ状態である。家庭での様子を聞くと、母と姉が身の回りのことなど何でもやってくれる生活のようである。

はじめての集団生活と、かわいがられて育った依存的生活とのギャップで、戸惑いと不安の心理状態が表れているのであろう。

STEP 3 保育者の関わり　環境構成や援助など、具体的に記録しよう！

入園式のときは無理をせず、できるだけ母親と一緒にいるように促した。気持ちが不安定なために泣いていると察知できたので、母親との別れぎわの様子を見ながら、A 適当なところで母親から離し、やさしく預かるようにした。

降園時、サチと手をつないだまま、「今日は、小麦粉粘土でおだんごを作ったのね」と、迎えに来た母親に話して聞かせ、B 園生活を楽しんでいる様子を伝えて、母親の不安や心配を取り除く配慮をした。

保育記録の具体事例

3歳児
1期

クラス日誌
子どもたち
の記録

いろいろな物に触ったり、引っ張り出したりして遊ぶ

室内の遊びが活発になっています。

最初は泣いてばかりいた子どもたちですが、次第に泣き声が笑い声に変わってきています。遊びも活発になって、ブロックを投げる、物を倒す、そしてそれらを止める保育者の声…。保育室の中は大騒ぎです。

「ワァッ」という声がして廊下に出てみると、水道の水が噴水のように吹き上がって、子どもたちの服も床もビショビショ。やった子どもの顔には笑みさえ浮かんでいます。

今度はガラガラとすごい音。積み木をひっくり返した音のようです。保育者はだれもケガをしていないことに、まずはホッとしますが、目も手も離せない毎日です。

STEP **1** 子どもの姿　ありのままに記録しよう！

4月25日　泣く子も少なくなり、それぞれが **A** 園生活に慣れてきている。廊下にいすが転がっていたので、「どうしたのかしら？」と片づけようとすると、「先生、マミちゃんがね…」と年中児が報告してくれる。どうやら **B** いすを手押し車に見立てて遊び、そのまま置いて別のところへ遊びに行ってしまったようである。

4月26日　「先生来て〜、たいへんだよ」と年長児が呼びに来る。手を引かれるままに行くと、蛇口が全開、床はビショビショ。年長児が雑巾で拭いているが間に合わない。そばにカツヤとノリコが水を浴びた顔で向き合い、笑顔で立っている。

4月28日　机の上に **C** 水性ペンでのグルグル描きがあり、床にまでぬたくってあるのを見つけた。

STEP **2** 考察　行動の意味を考えて記録しよう！

　一見いたずらやハチャメチャな行動のように見えるが、**A** いろいろなことに関心があっての姿である。手を洗った後、止めようと蛇口をひねったら、もっとたくさん水が出てしまった。**A** ジャッという音と、手に当たる感触を楽しんでいたら、周りに年中長児や保育者が来て、あわてているという状態である。

　園内の生活のしかたを一つひとつ試し、行動を積み重ねている。失敗をくり返し、教えてもらいながら環境の変化に慣れていく。だれもが経験しながら成長していくための体験の道なのである。

STEP **3** 保育者の関わり　環境構成や援助など、具体的に記録しよう！

　したい放題、やりっ放しは困りものだが、今は子どもの気持ちに添って、丸ごと受け止めていこうと思っている。

　一緒に片づけをしながら、**D** これは困ること、こんなときにはこうしよう、とさりげなく伝え、「困ったときには先生のところに来てね」などと話して、子どもたちが徐々に園での過ごし方を覚えるように心がけた。

　また、解放感を味わえるように、**C** ぬたくりができる場所を作ったり、小麦粉粘土や砂場での感触遊びを取り入れたりした。その他、新聞紙破りやチョークで園庭に思い切り線を引く遊びを取り入れるなど、環境を整え、保育者が仲介役をしながら、安定した園生活を促す環境への配慮をした。

A

健康な心と体

園生活に慣れてきたことで周りに目が向くようになり、人や物などの様々な刺激を受けて興味や関心が広がり、感触や感覚を楽しみながら遊びに没頭する姿が見られる。

B

思考力の芽生え

いすを手押し車に見立てるなど、イメージしたことを実際にやってみたり試してみたりすることで遊びに広がりが見られ、より楽しくなっていく。

C

豊かな感性と表現

様々な素材や道具に興味や関心を示し、触れたり試したりしながら素材の特徴や表現のしかたに気づいたり扱い方を理解していく。この経験が豊かな表現の土壌となっていく。

D

道徳性・規範意識の芽生え

異年齢児や保育者と一緒に片づけをしたり、困ったときに助けてもらったりしながらいろいろなことに気づき、生活や遊びのなかに、ルールやマナーがあることを学んでいく。

保育記録の具体事例

衣類や靴の着脱、所持品の整理に手間がかかる

3歳児
1期

個人簿
アキオ
の記録

　なかなか脱げない靴に悪戦苦闘。帽子はとんでもないところにひっくり返り、かばんは床の上に置いたままという状態で、なかなか自分の思うようにならない。着替えや持ち物の整理に時間がかかり、手間取っているアキオです。

　ときにはかんしゃくを起こすこともありますが、ひとりでブツブツ言いながら頑張っています。

STEP 1　子どもの姿　ありのままに記録しよう！

4月20日　大半の子は入室して遊びはじめているが、アキオは入口のところで靴が脱げず、上履きに履き替えられないでいる。

5月6日　ゴールデンウィーク明け、元気に走って登園。なかなか部屋に来ないので、どうしたのかと見に行くと、靴箱の前で、なかなか脱げない靴に「こいつぅ」と怒っている。

5月10日　かばんがドアのところに、靴袋がピアノのところにある。だれのかと見ると、アキオの物である。身の回りのことや、整理がうまくいかない。

5月30日　「おはよう」と元気に登園。少し力が入っているが、入園当初ほど時間をかけずに、A 靴を脱ぎ、身支度をするようになっている。

STEP 2　考察　行動の意味を考えて記録しよう！

　身の回りのことができる、できないは、これまでの生活経験の違いで、大きく個人差が出る。また、身体のバランスにも関係がある。アキオは、まだ頭が重いのでバランスが悪く、転ぶこともよくある。

　家庭では、今まですべて親がやってしまっていたため、自分でする経験がほとんどなかったようだ。そのために、どうしたらよいかがわからなかったのだろう。

　変化が見えてきたのは、B 他児に関心が向き、他児が自分でしているのを見ることによって、A 自分でもやろうとする意欲が出てきたためと思われる。

STEP 3　保育者の関わり　環境構成や援助など、具体的に記録しよう！

　４月のはじめは、ほとんど保育者が手を貸していた。その後、A 「見ていてあげるから、ゆっくりやっていいよ」と、励ますようにし、ときには手を貸したり、「できたぁ」と一緒に喜んだりしているうちに、アキオに、「あわてなくても大丈夫」という気持ちが出てきている。

　頑張り屋で、めげることなく一生懸命やっている。B 他児のしていることを見て「自分で」「自分も」という気持ちも引き出されている。A 時間はかかるがひとりでやるようになってきた。

　A 自分でやろうとする気持ちを大事にして、見守っていこうと思っている。

"10の姿"の視点から

A 自立心

園生活にもずいぶん慣れ、自分でできることも増えてきたが個人差がかなりある。保育者に励まされたり共感してもらったりしながら、諦めずに最後までやり遂げようとする姿が見られるようになってきた。

B 社会生活との関わり

園という社会には、自分以外の子どもや保育者などいろいろな人がいることを知り、様々な刺激を受け、同じ物を手にしたりまねしたりして人との関わり方や遊び方などを自分のなかに取り入れて、少しずつ世界を広げていっている。

2　保育記録の具体事例

3歳児

保育記録の具体事例

3歳児

2期

クラス日誌

子どもたち
の記録

好きな遊びを見つけ、 あちこちに行き、遊びが広がる

好きな遊びを自分で見つけ、やってみるようになりました。

周りの動きが見えるようになってきたことで、自分だけの限られた遊びが変化し、友達の言葉も耳に入るようになりました。一緒に「そうだもんねー」などと言い合ったりしています。また、友達が保育者にお面を作ってもらったりしていると、すぐに見つけ、「ぼくもほしい」「先生、作って」と要求したりします。

また、タンバリンをたたいて保育室を縦横に歩き回っているカズオを見て、ショウコもタンバリンを持ってきて同じようにたたいて歩き回っています。

70

STEP 1　子どもの姿　ありのままに記録しよう！

6月7日　クラスの一角にコーナーを作り、はさみとのりを置いておくと、子どもたちは、A 細い紙テープのような幅の紙をチョキン、チョキンと切ってままごとの皿の中にそれをためて、ごちそうごっこをしている。フミヤは、チョキンチョキンと切って、ためていくのに夢中。すると、マミコが、丸く切っておいた画用紙に貼りはじめる。

6月9日　前回と同様、A はさみとのりコーナーでは、ナオミとマミコが遊んでいる。キョウコも見よう見まねでやりはじめた。

　　フミヤは、今日は、はじめから砂場に行った。フミヤは、カップに砂を詰めて、さかさまにパカッと空けてごちそう作りをしている。3 〜 4人、同じようにごちそうを作っている。それぞれに「おいしいよ」「はい、ごちそうでーす」と、言いたいことを言いながら作っている。

STEP 2　考察　行動の意味を考えて記録しよう！

　　一人ひとりの子どもが、自分の遊びを見つけて、よく遊ぶようになってきた。これは、園生活に慣れて、心が安定してきたことにより、周りが見えてきたためだといえるだろう。B ○○に行けば□□がある、と遊具の位置を覚えたり、保育者や友達のしていることも目に入ってきたりしている。B 自分の思いと重ね合わせて、他からの刺激を自分の遊びのなかに取り入れているようだ。そのために行動が広がってきているが、物の取り合いなどのトラブルも随所に出てくる時期でもある。

STEP 3　保育者の関わり　環境構成や援助など、具体的に記録しよう！

　　個々の子どもが自分の好きな遊びに取り組めるよう、興味関心がどのようなことにあるのかを、日常のなかでよく知ろうとしながら環境構成をし、また、適切な技術援助（例えば、はさみやのり、絵の具の使い方の指導）も、そのつどやってみた。

　　アヤカは、ぬいぐるみのウサギを抱いていると、いつも気持ちが安定しているようなので、保育者はウサギのおうち作りを提案してみた。友達と関わるチャンスを逃さないように、C 一緒に段ボールで作り、ともに遊びながら援助をした。

　　他の子どもたちも、C お面をかぶって動物のまねをしたり、タンバリンを持って楽器遊びをしたりするなど、遊びながら友達と共感し合うことを楽しんでいるので、その橋渡しになる遊具の質や量、種類には十分に配慮したい。

"10の姿"の視点から

A
思考力の芽生え
様々な素材に自由にアプローチしながらはさみで切ったりのりで貼ったりと、実際にやってみることを通して、素材の性質や特徴を感じ取っていく。

B
自立心
目の前にある環境に対して興味をもち、自分でやってみたいという気持ちをもってチャレンジする。自分で選択したり実践したりすることが、個性や自立心の基盤となっていく。

C
協同性
関係性はまだ薄いが、保育者に支えられながら家作りに取り組んだり、お面をかぶって動物のまねをしたり、楽器遊びをしたりして友達と遊びたいという気持ちが高まり、楽しさを共感しながら一緒に遊ぶ姿が見られる。

2　保育記録の具体事例

3歳児

保育記録の具体事例

3歳児
2期

個人簿
リョウタ
の記録

毎日毎日、同じ遊びを
くり返して遊んでいる

　リョウタは、今日も登園するや否や、砂場に直行します。砂場では、黙々と砂を掘り、水を流しては砂を入れ、シャベルでピチャピチャと平らにして、グチャグチャになった砂と水を両手で触っています。

　リョウタはこの遊びを5月末からやっているので、もう20日以上は続けていることになります。

　リョウタの周辺では、年長児や年中児たちが、入れ代わり立ち代わりいろいろな遊びを活発に行っていますが、リョウタは毎日、ただ黙々と砂場遊びをくり返すばかり。年少児たちも周辺で遊んでいますが、一緒に遊ぶ様子は見られません。

　母親からは「いつも同じ遊びばかりでいいのでしょうか…」と、相談をもちかけられています。

A

健康な心と体

自ら好んで水や砂の感触を味わい、思いが満たされるまでくり返し没頭して行うことで、心の安定を得る。

B

自立心

保育者にバケツに入れた水を渡す行為に関心をもち、自ら好んで何度もくり返すようになる。

C

思考力の芽生え

水と砂を合わせてこねながら、その感触をくり返し楽しんでいる。満足するまでくり返し、やがて水を少しにしたり、砂を入れたりなど試して楽しむようになる。この試行錯誤は、思考力の芽生えにつながると思われる。

D

協同性

安心した気持ちのなかで、興味のある遊びを通して遊びの楽しさやその場の心地よさを感じ、同じ遊びに向かう友達と共感し合う。

STEP 1　子どもの姿　ありのままに記録しよう！

4〜5月半ばまで　4月の入園以来、水道に手を洗いにいくと、いつまでも戻ってこないリョウタ。見ると、A手を石けんで洗い、石けんの泡でいつまでも手をこすって、遊ぶことに没頭している。

5月20日　「いらっしゃーい」と、保育者が砂場遊びをしながら、個々の子どもに声かけをしたとき、リョウタは、じーっと見ているが、来ようとはしない。

5月22日　相変わらずじっと見ているだけのリョウタ。水の好きなリョウタのそばに子ども用のバケツがあるのを見つけ、「リョウタくん、そのバケツにお水を入れてきて」と頼む。すると、黙ったまま、すぐにBバケツに水を入れて持ってくる。何回も同じことをくり返す。

5月23日〜6月半ばまで　ふと気がつくと、Cリョウタが砂場にバケツで水を運び、砂を入れ、手でこねる…をくり返し、夢中で没頭している。

　その後、20日間近く、リョウタの砂と水の遊びは続いている。

STEP 2　考察　行動の意味を考えて記録しよう！

　4月以来のA水遊び、そして、5月半ばからの砂場遊びは、リョウタにとって心地よい感触遊びなのであろう。水遊びも、砂遊びも、皮膚の感覚欲求を満足させるのに十分な遊びである。これらを自分の欲求にしたがって遊び込むことは、心の安定を得るのに大切である。

　母親との面談によると、リョウタは入園まで、集団のなかで遊ぶ経験が少なかったようである。そのため、新しい環境への戸惑いが特に大きかったのだろう。感覚遊びに没頭することで、自己確認をし、心の安定を得ていたと思われる。

STEP 3　保育者の関わり　環境構成や援助など、具体的に記録しよう！

　リョウタがA十分に遊び込めるよう、ゆっくりした時間配分を心がけるようにした。次に、D友達との偶然の関わりがもてるように、感触遊び（例えば、フィンガーペインティングなど）を環境構成に入れてみた。

　無理のないリズムで、集団のなかに溶け込んでいけるよう、母親にも理解を求めていきたい。

2 保育記録の具体事例

3 歳児

保育記録の具体事例

3歳児
2期

クラス日誌
子どもたち
の記録

物を取り合い、相手をかんだり たたいたりする

　入園当初の不安や混乱の気持ちも安定してきて、園のあちこちで、自分の好きな遊びに熱中する子どもたちの姿が目立ちます。

　笑顔で遊んでいたユウスケが、大声で泣きはじめました。保育室が壊れんばかりのわめくような泣き声。保育者がかけつけたときには、ユウスケは室内用三輪車から、マサトを引きずり降ろそうとしています。ユウスケは、必死でマサトの腕をガブリ！ とかみました。マサトの泣き声は、まさに頂点に達し、ユウスケを押し、頭をポカリとたたく…と、反撃しています。まさに一瞬の出来事です。

　このように、さっきまで仲よく遊んでいた子ども同士が、同じおもちゃを同時にほしくなって奪い合い、相手をかんだりたたいたりする行動は、この時期よく起こります。

STEP 1 子どもの姿　ありのままに記録しよう！

6月2日　突然、大泣きの声が保育室から聞こえたので、テラスから急いでかけつけた。A 赤い大型積み木を取り合い、ミキとアオイが争っている。

「これ、ミキちゃんの！」

「アオイのだもん」と、2人とも譲らない。

ミキは、B 積み木をお人形さんのベッドにしていたが、もうひとつのぬいぐるみを取りにいっている間に、アオイがその積み木を持っていこうとしたらしい。ミキは怒ってアオイを押す。アオイは倒れて大泣きし、「この子が取ったぁー」と保育者に泣きじゃくる。それを見て、ミキはアオイよりさらに大声で泣く。

6月3日　A ユウスケとマサトが室内用三輪車をめぐって取り合いのケンカをする。

ユウスケが乗っていた三輪車に、マサトが強引に乗ってしまった。今度は、ユウスケがマサトを引きずり降ろそうと、押したり、かみついたりする。2人とも大泣き。周りの子たちは、唖然とした表情で見ている。

STEP 2 考察　行動の意味を考えて記録しよう！

遊びに興味をもちはじめ、個々に遊んでいたが、友達の遊びも目に入りはじめたようである。「あの子の遊んでいる○○で遊びたい！」と思うと、A その子の気持ちなどを考えるところまで思い及ばず、行動に移してしまうようである。

また、言葉で自分の思いを伝えたり、C 友達と遊ぶときのルール、例えば「貸して」「いいよ」「待ってて」などの言葉を使ったりすることに対しても、未熟である。

STEP 3 保育者の関わり　環境構成や援助など、具体的に記録しよう！

「あの子の遊んでいる○○で遊びたい」という思いを受け入れながら、そういうときには C「貸して」「だめ」「いいよ」「ちょっと、待ってて」「ありがとう」などの言葉を保育者が意識的に使ってみせるようにした。

そして、D 子どもが実際に、そういう言葉を使って遊べたときは、「よーく、言えたね!!」と褒めて、子どもたちに意識させるようにした。個々の子どもの気持ちを代弁することは、この時期に特に必要と思われる。ケガ（かみつき）が起きた場合は、保護者への対応も考慮に入れながら関わった。

A

思考力の芽生え

物の取り合いは、ほしい物を手に入れようとする思いを相手にはばまれることによって起こるが、そのくり返しにより相手の存在に気づく。やがては、相手の思いに気づいたり、考え方を知ったりする芽生えとなる。

B

自立心

積み木をベッドに見立て、生活体験を遊具で体現し、ごっこ遊びに関心をもつようになる。

C

道徳性・規範意識の芽生え

保育者に思いを受け止められながら、「貸して」などの言葉を伝え合い、遊びのルールやマナーを知る。

D

言葉による伝え合い

自分の思いや考えなど伝えたいことを、保育者の認めにより意識するようになり、言葉で伝え合うようになる。

「ウンチ、バカ」などの言葉を使う

3歳児
3期

個人簿
ヒロト
の記録

7月はじめ、ヒロトの母から相談がありました。最近、悪い言葉ばかり覚えてきて、家でわざと「ウンチ」「バカ」「オマエ」などと言うので困っているとのこと。

ヒロトは4、5月まであまり目立たない存在でしたが、最近は友達とも活発に関わるようになりました。それとともにこのような好ましくない言葉をよく使うようになったようです。

STEP 1　子どもの姿　**ありのままに記録しよう！**

7月5日　お弁当の前、子どもたちに伝えたいことがあったので、話を聞くように伝えた。すると、ヒロトが特定の相手にではなく、_Aみんなに聞こえるように「ウンチ」と言う。それを聞いて、_Bみんながずっこけるようなアクションをして喜んだ。その様子を見たヒロトはまたくり返して言い続け、みんなも笑う。そのくり返しがリズミカルになっていった。

何回かくり返した後、_C「ごはんを食べるときだから、ウンチの話はやめようね」と言うと素直にやめる。その後、ヒロトは満足した様子でニコニコしていた。

STEP 2　考察　**行動の意味を考えて記録しよう！**

入園当初は泣いてばかりのヒロトであったが、今は安定して、遊びにも参加し、友達との関わりを楽しんでいる。

_Aおかしな言葉を言いたがるのは、不安や欲求の不満からではなさそうである。自分の存在を主張すること、友達や先生に注目されることがうれしく、そのために使っているようだ。

_B人（友達）に対する興味が強くなるこの時期、「バカ」「ウンチ」などの言葉は、_Bみんなにそのおもしろさを共感してもらえる、3歳児にとっての表現手段である。

STEP 3　保育者の関わり　**環境構成や援助など、具体的に記録しよう！**

ヒロトの自己主張したい気持ちを受け止め、仲間同士の自由な関わりのなかなどでは、人の邪魔になったり、相手を嫌な気持ちにさせたりしない限りは、聞き流していた。ただし、みんなで_C食事をしているときなどは、その場にふさわしくない言葉であることを伝え、制止する。

みんなの前で自分を主張することがうれしい時期なので、いろいろな機会に3歳児なりの自己主張ができる場を作っていくようにしている。

例えば、みんなの注目を集める_D「お当番」をするようにしたり、みんなの前で保育者の手伝いをしたりする機会を設け、それを認める言葉を伝えていくのも、ひとつの方法であると思う。

A

言葉による伝え合い

自分が言った言葉で友達や大人が反応することを知り、喜んでいる。しかし、好ましくない言葉であったら保育者が制止することも大切である。

B

協同性

友達の表情やしぐさ、言葉に笑い合ったり、はしゃいだりする心地よさを共感している。これは、協同性の芽につながる大切な要因になるであろう。

C

道徳性・規範意識の芽生え

生活のルールや食事のマナーなど、その場に応じた行動や話し方などを知る。

D

社会生活との関わり

当番活動や保育者の手伝いなど、クラスでの役割を担って友達の前で行い、その姿を認められることで、達成感や満足感を味わうようになる。

2　保育記録の具体事例

3歳児

77

3歳児

3期

個人簿

ジュンコ
の記録

お手伝いをしたがり 何でも自分でやろうとする

　入園当初、ジュンコは母親から離れられず、2週間ほど泣きながら登園していました。それが、園庭でのイチゴ摘みがきっかけとなって、見違えるように園生活になじんできました。

　何に対しても積極性が見られるようになり、プール遊びのときも、保育者の手を借りず、最後まで頑張って自分で水着に着替えました。また、園庭で園長先生を手伝って水やりを進んでやるなど、近頃では、何もかもが楽しい様子。園ごっこやお母さんごっこを友達と楽しんで行っています。

STEP 1 子どもの姿　ありのままに記録しよう！

7月17日　朝からプール遊びがあるため、ジュンコははりきって登園してきた。水着に着替えるとき、保育者が手伝おうとすると「自分でできるからいいの」と、途中、悪戦苦闘しながらも、A 最後まで頑張って着替えていた。着替え終わったときに保育者から「ジュンコちゃんすごいわねえ。ひとりでできるようになったわね。お母さんに教えてあげようね」と言われ、とても満足顔であった。

9月10日　登園時、園庭で園長先生がお花に水をあげているのを見たジュンコは、B 「園長先生何やってるの？」と聞く。園長先生が「お花がきれいに咲くようにお水をあげているんだよ」と言うと、「ふーん、わたしも手伝ってあげるね」と言って、急いでかばんを置き、外に飛び出していった。

　園長先生に小さなジョウロを貸してもらったジュンコは、20分ほどの間、何度も水道と花の間を往復していた。その間、登園してくる他の子に B 「何してるの？」と聞かれるたびに、「園長先生のお手伝いをしているの」と、得意そうに答えていた。

STEP 2 考察　行動の意味を考えて記録しよう！

　園の環境や生活になじんできて、保育者に対しても安心感、信頼感が育ってきた。そして、そのなかで安心して自分を出せるようになってきたようだ。

　また、C 遊びが活発になるにしたがって、楽しさとともに自信がついてきたせいか、C 何に対しても積極性が見られるようになってきた。それが、手伝いをしたがったり、自分で何でもやろうとしたりする姿に現れているのだろう。手伝いをすることで先生に認められることがとても心地よく、また周りの友達から注目されることに喜びを感じているようだ。

STEP 3 保育者の関わり　環境構成や援助など、具体的に記録しよう！

　ジュンコの行動を大いに認めるようにする。他の先生からも認められるように、職員室の中で話したり、また園長先生に向かって「ジュンコちゃん、こんなにたくさんお手伝いしてくれるんですよ」と伝えたりする。他の子どもたちへも、具体的に保育者が D 困ったことや気持ちを話し、手伝ってもらって助かったことを伝えるようにしている。また、子どもと一緒に準備できるものは、できるだけ一緒にするようにしている。子どものレベルに合った手伝いを考えることが必要だと思われる。

A
健康な心と体
水着の着替えを自分で行うなど、身の回りのことを自ら進んで行えるようになる。

B
言葉による伝え合い
興味の広がりから「何で」「どうして」といった質問が増え、気づいたことや感じたことなどを話したり聞いたりするようになる。

C
自立心
保育者の受容により安定し、手伝いを通して自尊心を高め、自信をもって行動するようになる。

D
道徳性・規範意識の芽生え
保育者が困ったことや保育者の気持ちに気づき、自らできる行動を知り行う。行動を褒められることで喜びを覚え、その喜びが相手の気持ちに気づく機会となる。

保育記録の具体事例

3歳児
3期

個人簿
コウジ
の記録

集団活動のなかでひとりだけ離れたところで遊ぶ

　入園当初からひとりで遊ぶことの多いコウジ。最近ではほとんどの子に親しい友達ができ、保育者を中心に、みんなと一緒に活動する楽しさもわかってきたなか、コウジだけは仲間に加わろうとしません。

　みんなで楽しんでいる劇ごっこに誘っても、「やらない」と言って、ひとりで砂場で遊んでいます。

　他の場面でも、保育者が一緒に手をつなぎながら誘うとみんなと同じ活動をしたりしますが、基本的にはひとりで黙々と砂場で遊ぶことを楽しんでいます。

A

健康な心と体

やりたい遊びをたっぷり行えることの楽しさや喜びを感じることで、心を安定させている。また、砂に触れながら、その感触や素材の特性を自分の心と体を働かせて感じながら、充実感や満足感を味わっている。

B

自立心

保育者への信頼と安定した気持ちを土台としながら、自分の興味ある「砂場遊び」を楽しんでいる。そのなかで、自己を発揮し「自分でできる」という体験をしながら自信につなげている。

STEP 1　子どもの姿　ありのままに記録しよう！

7月3日　毎日読んでいた『おおかみと7ひきの子ヤギ』を、劇ごっこと鬼ごっこを組み合わせた遊びにして園庭で行うことになり、クラスの全員を誘う。みんな喜んで集まってきたが、コウジだけは保育者が誘っても「やらない」と言って砂場から離れようとしない。

遊びが盛り上がり、みんなが「ワー、キャー」と逃げ回っていると、コウジは手を止め、ニコニコしながらその様子を見ている。しかし、しばらくすると、また我に返ったように砂場の遊びに気持ちが戻っていった。

結局、30分ほど続いた劇ごっこの間、途中コウジに2回ほど声をかけたが、入ってこなかった。

STEP 2　考察　行動の意味を考えて記録しよう！

コウジにとっては、**A** 砂場で自分の感覚を十分に発揮させて遊ぶことの方が、友達と関わって遊ぶことよりも楽しいのだろう。事実、入園当初は不安定だった様子が、**A** 毎日たっぷり砂場で遊ぶことによって、ずいぶん安定してきたようである。

今は、人よりもまず物と関わり、**A** 十分に満足のいくまでやりたい遊びを行って自己発揮していくことが、コウジにとって一番必要なことなのであろう。園に行けばやりたいことが十分にできるということで、**B** 保育者や園に対しての基本的な信頼関係が築かれているようだ。さらに、**B** 自分の遊び、行動、存在に対しての自信も生まれてきている。

コウジは周りの楽しい刺激を受けて、フッと引き寄せられるときがある。自己発揮しながらも、興味のアンテナは、敏感になっているようである。

STEP 3　保育者の関わり　環境構成や援助など、具体的に記録しよう！

基本的にコウジの自己発揮を十分に認めていくことが大切だと考え、**B** 自己発揮というコップがなみなみと満たされるようにしておく。発達には個人差があることを認めて、その子、その子にあった援助のしかたを考えていく。

ただし、自己発揮の次のステップ、つまり人に関わることの楽しさを感じられるような環境は、コウジの周りに用意しておきたい。「楽しそうだからコウジくんもやってみない？」などの、間接的、直接的な働きかけをしていくように心にとめておく。

保育記録の具体事例

途中入園したのでなじめない

　アヤカは9月1日に入園しました。途中入園になったのは、「遊びたい、遊びたい！」とさかんに母親に言ったからだそうです。母親は2年保育でよいと思っていたそうですが、思い切って途中から3年保育に入れることにしました。

　しかし「遊ぶ」どころか、保育者にピッタリ寄り添ったままの毎日です。でも、目は友達の動きを追っています。

STEP 1　子どもの姿　ありのままに記録しよう！

9月1日　新入園児として、3歳児たんぽぽ組に途中入園した。はじめは不安げな様子であったが、母親と離れることができ、保育者のそばについていた。

9月20日　園の生活習慣には慣れ、A 身支度やお弁当の支度、片づけなど、手を借りずひとりで行う。しかし、遊びのときは保育者のそばに寄り添い、友達の動きを目で追って見ている。B 課題の活動では保育者から離れ、何をするかを理解して行っている。

10月10日　運動会で母親と一緒に登園。母親から離れようとしなかった。種目への参加を誘うと泣き叫び、母親にしがみついたままで、母親と一緒に種目を行った。

10月24日　運動会後1週間は登園時に母親と離れられず泣いたが、A 泣くことも少なくなり、泣かずに登園できるようになってきた。しかし、相変わらず保育者について行動している。

STEP 2　考察　行動の意味を考えて記録しよう！

　アヤカにとっての9月は、他児の4月の時期と同じであり、集団のなかに入り、不安と混乱で依存したい気持ちがあったのであろう。アヤカ自身の性格はしっかりしていて、物事を順序立てて考えることができ、C 決められたり指示されたりしたことに対してはスムーズな行動がとれる。しかし、自ら考え行動することは不得手のようだ。

　母親に聞くと、「家ではひとり遊びが多く、D 絵を描いたりはさみを使ったりする遊びが好きで、手がかからなかった」と言う。集団の場での経験不足が「どうしたらよいかわからない」という不安になったと思われる。

STEP 3　保育者の関わり　環境構成や援助など、具体的に記録しよう！

　新入園による不安や混乱が大きいと思うが、経験不足による不安感とも思われるので、まず落ち着くまで一緒に行動した。また、母親と面談して家庭の様子や状況を把握していった。

　保育者のそばにいても、アヤカの目は仲間を追い、目で参加している状態だったので、アヤカの自然参加を待つことにした。同時に B 「入れて」「遊ぼう」などの言葉を保育者が意識して使い、他の子どもに声をかけて、アヤカと一緒に遊びに参加するようにした。現在（11月上旬）は親しくなったナオコと遊びはじめているので見守っている。

"10の姿"の視点から

A

健康な心と体

不安定な気持ちはありながらも、園生活の流れや生活に必要な習慣を理解して、自立して生活する姿が育っている。また、保育者との信頼関係が築かれ、心が安定し安心する姿も見られる。

B

言葉による伝え合い

園生活のなかで保育者の話す言葉の意味を理解し、自分のこととして受け止め、自身の行動に結びつけることにつながっている。また、保育者をモデルとして、仲間のなかで言葉による伝え合いの必要性を学んでいる。

C

道徳性・規範意識の芽生え

園生活にはルールやきまりがあることを知り、それを守ることで、スムーズに園生活が送れることを理解し行動している。

D

豊かな感性と表現

道具を使ったり絵を描いたりして、自分のイメージしたことを形にすることを楽しんでいる。また、イメージが作品になることで、自分なりに表現する喜びや満足感を味わっている。

2 保育記録の具体事例

3 歳児

保育記録の具体事例

3歳児
4期

クラス日誌
子どもたち
の記録

友達とヒーロー・ヒロインごっこをして遊ぶ

　園庭や園舎のあちこちで、数人の子どもたちが、ヒーロー・ヒロインごっこをしています。男の子は風呂敷をマントにし、女の子は頭にティアラをつけて、それぞれの役どころも決まったようで、ポーズをとったり、「へーンシン」と声をかけ合ったりしています。

　この頃は、女の子同士、男の子同士と別れて遊んでいます。ときどきトラブルも起き、泣いたりしていますが、役割を決めたり必要なアイテムを作ったりして、友達とのごっこ遊びを楽しんでいます。

84

STEP 1 　子どもの姿　　ありのままに記録しよう!

11月11日　テラスの隅でマナ・マイ・マリコ・ホノカが4人で遊んでいる。A「わたし、シンデレラ、マリコちゃんは白雪姫ね」などとヒロインごっこの役決めをしていた。

11月12日　昨日と同じようにマナを中心に4人のグループがヒロインごっこを行っている。男の子はミナトを中心に、やはり4人(コウタ・タツキ・リョウタ)が剣を片手にヒーローごっこを楽しんでいる。男の子の方は、B剣をセロハンテープでつなげたりし、形をいろいろ工夫している。

11月13日　女の子のグループにケンカが起こる。マリコが泣いている。保育者が聞くと、マナがC「だってマリちゃん、白雪姫じゃ嫌だって言うの」と言い、マリコは泣き続けている。状況から判断すると、マナがリーダーシップをとり、D自分の思い通りにやろうとしていたが、周りが納得しないためにケンカになったようだ。

11月14日　「先生、来てごらん」とミナトに誘われて園庭に行く。いつものメンバーが、園庭にダンボールを持ち出し、中に入っている。聞くと「ぼくたちの基地」と言う。B遊びを工夫したり発展させたりしている。

STEP 2 　考察　　行動の意味を考えて記録しよう!

2学期も後半に入り、A仲間との関わりが豊かになり深まってきた。子どもたちは、それぞれの思いを主張しながら、A友達とイメージを共有し、遊びを組み立てている。ごっこ遊びの役柄を決めたり、B遊ぶ道具を工夫したりしながら、C考えを伝え合い、仲間と刺激し合って、さらに遊びを発展させている。これは、仲間と一緒にいることで、仲間の遊びを取り入れ、さらにそれを自分の遊びにしようとしている姿である。

STEP 3 　保育者の関わり　　環境構成や援助など、具体的に記録しよう!

保育者も仲間である、という意識が強くなる時期なので、保育者の方から「仲間に入れて」と声をかけ、一緒の遊びに入れてもらうようにした。そのなかで、一歩引きながら、子どもの言葉や考え、育ちを観察していった。直接方向づけをしたり、指示したりせず、子どもと一緒に考える姿勢を取りながら、D子どものイメージにバラツキや混乱が出てトラブルになったときは、問題を整理する援助をすることで、子どもはときどき保育者を頼りにしながら、友達とさらによく遊ぶようになっていった。

A

協同性

友達数人と遊びのイメージを共有しながら役を決めたり、アイテムを工夫したりしている。友達からの刺激ややり方などをまねしながら、自分なりの充実感をもち、仲間との関わりをより豊かにしている。

B

思考力の芽生え

遊びをよりおもしろく、楽しくしていくために必要なものを考えたり、作ったりして工夫していく。セロハンテープを切ったり、紙を丸めたりと手先も器用になり、考えたものを作り出そうとする姿も見られる。

C

言葉による伝え合い

遊びのなかで、自分の思いや状況の説明などを言葉で表し意思の疎通をはかるが、一方的な主張があり、互いに理解できにくいこともある。保育者の援助を得て言葉による伝え合いを理解し、安心する。

D

道徳性・規範意識の芽生え

遊びに夢中になり、ヒーローになりきると相手かまわず戦い、トラブルになったりするが、保育者の援助を受けながら仲間のなかで折り合いのつけ方を学んでいく。

2 保育記録の具体事例

3 歳児

保育記録の具体事例

3歳児

4期

個人簿

マサシ
の記録

集まりに入らないで好きな遊びをしている

クラスの子どもたちが遊んでいたものを片づけて、朝の集まりがはじまります。
気がつくとマサシがいません。さっきまで好きなブロックで遊んでいたのに…。
副担任の保育者が探しに行くと、だれもいないホールでひとり、三輪車に乗っています。「マサシ君、みんな集まっているよ」と声をかけても知らんぷりです。もう一度「お部屋に行って、お話聞こうね」と言うと、「カーブ曲がって、駐車場！」と言い、乗り続けています。

STEP 1 子どもの姿 ありのままに記録しよう！

10月20日 今日も朝の集会がはじまると、マサシの姿が見えなくなった。みんなと一緒にやる活動がはじまるといなくなってしまう。以前は外に出て行くことが多かったが、A 最近は三輪車がお気に入りで、ホールに行く。

保育者が探して声をかけると、今までは、「ダメーッ！ マサシいかない！」と拒否することが多かったが、今日は声かけに乗らず、知らんぷりをしている。保育者がマサシに合わせて B 「駐車場3番に入れてください」と言うと、うれしそうに反応する。さらに「はい、これはチケットです。帰りに見せてくださいね」と言うと受け取るふりをしたので「はい、車から降りてください」と言うと降りて、保育者に手を引かれて、部屋に戻った。

STEP 2 考察 行動の意味を考えて記録しよう！

マサシにとっては、みんなとの集まりは興味関心がなく、意味をもたないようだ。意味のないところで待たされたり座らせられたりするのは、苦痛であり、A 自分の好きなことをしていたいのだろう。好きな遊びは三輪車やブロックで、遊びの幅は広がらず、新しいものを受け入れるのが苦手である。 友達にも興味を示さず、名前も覚えない。

一見マイペースに見えるが、気持ちの切り替えができず、本当は園生活のなかで、戸惑い困っているのではないだろうか。

STEP 3 保育者の関わり 環境構成や援助など、具体的に記録しよう！

保育者との関係は、以前は遊びを止められる人、という認識で拒否することが多かったが、入園後、半年たった今では少しずつ慣れ、B 一緒に遊んでくれる人と認識して、保育者の名前も覚え、会話も成り立つようになってきた。保育者は集まりに入れないマサシの気持ちを受け入れつつ、遊びの幅が広がるように、マサシの興味のあることを媒介として、（今日は駐車場をきっかけに）気持ちの切り替えを試みた。

また、集まりのなかで、マサシの座る位置をみんなの場所から離したり、集まるときに好きな本やブロックを手に取れるようにしたりし、C みんなと同じ場にいながら、集まりの抵抗を少しずつ緩和するようにしていった。

A

健康な心と体

園生活のなかで自分のやりたいことを見つけ、それをやることにより、みんなと一緒にいなければならないことから解放され、心と体を十分に動かし自己の満足感に浸っている。

B

言葉による伝え合い

会話は一方的ではあるが、保育者に合わせてもらうと反応して行動がついていき、気持ちの伝え合いができる。身近な保育者に親しみを覚えたことから、会話も成り立つようになってきた。

C

道徳性・規範意識の芽生え

自分のことで精一杯で、周りの状況を取り入れる様子はない。しかし、保育者が環境を作ることで、その場に少しずつ落ち着けるようになる。みんなとともにいることに、心地よさを感じられるようになることが道徳性や規範意識のベースになっていくと思われる。

保育記録の具体事例

3歳児

5期

個人簿

タクヤ
の記録

難しいものにも挑戦しようとする意欲が出てくる

　冬休み明けの子どもたちは、友達と一緒に好きな遊びを見つけ、積極的に遊んでいます。体もひとまわり大きくなり、顔つきもお兄さんらしくなって足取りもしっかりしてきました。

　降園時の支度で、子どもたちは上着のボタンを自分でかけたり、保育者にやってもらったりしています。

　タクヤが、ジャンパーを着はじめました。ファースナーをかけようとしていますが、なかなかうまくできません。他の子どもたちは準備ができ、座っています。保育者が「タクヤくん、手伝おうか」と言うと、ちょっと戸惑いながらも「いい、自分でやる」「4歳だから！」と言い、時間をかけ最後までやり、自信に満ちた顔をみんなの方に向けました。

STEP 1 　子どもの姿　ありのままに記録しよう！

1月10日　冬休み後、はじめての登園。タクヤは元気な顔で、ニコニコしながら「先生おめでとう」と言う。夏休み明けのときは泣いて登園を渋ったのだが、変化が見られる。

1月20日　大雪が降ったが、_A雪の積もった園庭で、友達とかき氷作りや雪投げで遊ぶ。「先生ほら、木のところまで飛んだよ」と、雪投げの姿を自慢する。

1月21日　降園時、タクヤがジャンパーのファスナーで手こずっていた。_B手伝おうとすると「もう4歳だから、できる」と言ってやり通す。「ほんとだ、難しいこともできるようになったね」と褒める。

STEP 2 　考察　行動の意味を考えて記録しよう！

　クラスの他の子どもと比べ「先生、〜して」という依存する部分が長く続いたタクヤであるが、1月に入ったとたんに、_B上手にできなくても時間がかかっても、自分でやろうとする姿が増えてきた。4歳になって、お兄ちゃんになったという自覚が芽生えたこと、_C遊びのなかで仲間についていけるようになったこと、仲間に認められたいという気持ちが生まれてきたことなどが作用しているようだ。

　また、充実感を味わうことを覚えたせいか_B「また、してみたい」「もっと」「あしたも」など、積極性と意欲が出てきている。

STEP 3 　保育者の関わり　環境構成や援助など、具体的に記録しよう！

　タクヤの依存の強さは、3人兄姉の末っ子で、母親が手をかけ過ぎていることに原因があると、保育参観の個人面談の話からわかった。それ以降、母親が手をかけていたことを1/10ずつ、できたら2/10控える、というスモールステップをお願いしてきた。その対応が、タクヤの変化に現れている。

　保育者への依存は強いが、独占的というほどではないので、_B本人の意欲が育つように、どうしてもできないところは手伝い、できそうだと思えるところは無理強いをしないで見守ってきた。のんびりしているタクヤなので、こちらも焦らずに対応してきたことがよい変化につながったと思われる。

A

健康な心と体

友達とイメージを共有しながら遊ぶ楽しさ、雪玉を遠くまで投げることができた喜び、保育者に認めてもらううれしさにあふれている。心と体を思いっきり動かして遊ぶ充実感や満足感が自信につながっていく。

B

自立心

4月からの生活経験の積み重ねにより、できるようになったことが増え、それが自信となり自分でやろうとする意欲や積極性につながっている。できるようになる喜びが「自分でやる」という自立への一歩になっている。

C

社会生活との関わり

友達の存在に気づき、一緒に遊ぶなかで自分が仲間の一員であるという意識が芽生えるようになった。そのなかで、自分を認めてほしいという気持ちが「こんなことができる」という周囲へのアピールと意欲的な姿につながっている。

保育記録の具体事例

3歳児

5期

クラス日誌

子どもたち
の記録

決まった友達とだけ遊び、他の子どもを入れない

　3学期になり、友達と一緒に遊ぶことがおもしろくなり、毎日決まった友達と楽しそうに遊んでいます。

　ところが最近、仲よし同士で結束するようになり、他の友達が「入れて」と頼んでも、「ダメ」と言ったり、知らんぷりをして、他の遊びに移っていったりするようになりました。断られた子も「○○ちゃんがいじわるをする」と、保育者に言いつけにくるようになりました。

STEP 1 子どもの姿　ありのままに記録しよう！

2月6日　朝の自由遊び。_Aヒロミ、ノノカの2人は、ユミが登園するのを待って遊びはじめる。いつものようにゴザを敷き、おうちごっこをする。_B大型積み木で入口を作り、エプロンをつけ、粘土でごちそうを作りはじめる。

2月7日　昨日に続き3人組で遊んでいる。保育者が「トントン、いいですか？」と言葉かけをすると、_C「ここは子どもだけでーす」と返事がくる。

　男の子が「まぜて」と来ると、元気のよいノノカが「えーっ」と言って、_C「女の子だけでーす」と拒否したりする。

2月8日　3人で遊んでいるところへマユミが「入れて」とやってきた。しかし、3人は顔を見合わせ知らんぷりをし_C「外で遊ぼう」と他の遊びに変えてしまう。

STEP 2 考察　行動の意味を考えて記録しよう！

　ヒロミ、ノノカ、ユミの3人は親同士も仲がよく、降園後もだれかの家で遊んでいる。3人だけでのごっこ遊びは、3学期に入って特に目立つ。_A遊びが深まっている分、充実感も増しているようである。

　3人は共通の遊びを通して、気心が通じ、自然体で遊べる仲間である。_A遊びが盛り上がっているのは、こだわりやケンカの自己主張を経験し、また、いろいろな遊びを経験してきたからだと思える。園外での親密なつき合いも、3人の結束に拍車をかけている。それぞれの力が平均しているので、遊びの進め方や内容に偏りがない。しかし、そのことがかえって、他の子を寄せつけない原因となっていると考えられる。

STEP 3 保育者の関わり　環境構成や援助など、具体的に記録しよう！

　3人1組での自己中心的な遊びをしていると考えられるので、他の玩具や遊具、子どもの存在に気づくように、3人に見える場所でマユミや他の子と一緒に本を読んだり、保育者のリードでままごとをしたりした。また、_C仲間外れにされたマユミや他の子の代弁をした。そして、たくさんいるとよりおもしろくなる遊び、相手の存在に気づく遊びとして「はないちもんめ」や「あぶくたった」などを積極的に取り上げ、_C3人の目が他の遊びや他の子にも向くように工夫した。

A

協同性

好きな友達と共感し合いながら遊ぶことを好んでいる。毎日のごっこ遊びのなかで、思いを伝え合ったり、ともに試行錯誤したりしながら一緒に遊びを展開する楽しさや共通の目的が実現する喜びを味わっている。

B

思考力の芽生え

友達とイメージを共有し、おうちごっこに必要なものを考えたり、物を組み立てたりして用意する。また、用意をすることでさらにごっこ遊びがおもしろくなることに気づき工夫している。

C

道徳性・規範意識の芽生え

仲間関係が深まると自分たちの都合のよいルールを作り、相手の反応をうかがうことがある。保育者の援助を受けながら、仲のよい友達だけでなく、いろいろな友達と遊ぶことによって遊びがおもしろくなることや他の友達の気持ちに気づくなどの経験を重ねることで仲間関係が広がる。

3歳児 5期	進級に期待をもつ

クラス日誌
子どもたち
の記録

「大きくなったら、何組になりたい？」の問いかけに、それぞれ「ぼくは黄組がいい」「わたしは緑組がいい」などと、なりたいクラスの名前を夢中で言います。理由は、年長児とスクールバスが同じであるとか、誕生会で一緒にお弁当を食べたからなどです。

ケイスケは年長の兄がいる「海組がいい」と言い、新入園児の歓迎会以来、大きい組になるんだ、という自覚が見えてきました。

そして、ケイスケは、年中組がお別れ会の合奏の練習をしているのをじっと見ていました。

STEP 1　子どもの姿　ありのままに記録しよう！

3月4日　お弁当の後、年中組がホールでお別れ会の合奏を練習していたが、のぞいていた A ケイスケが「光組は、しないの？」と言ってくる。この言葉を取り上げて、帰りの集会で子どもたちに相談すると「やりたい、やりたい」と口々に言い「ぼく、太鼓やりたい」「わたしは、三角のやる」と言う。

STEP 2　考察　行動の意味を考えて記録しよう！

　1期には「大きい組さん、怖い」と言っていた子どもたちに変化が出てきた。園生活や行事を通して、年中・年長のすばらしさや能力を感じてきたようだ。それにあこがれ、大きい組になったらリレーができる、B 大きい組になったら○○ができるという期待感があり、「大きい組」という言葉の響きが、3歳児にとって、魔法の呪文のようになっている。

　また、C 進級への期待感を支えるものとしては、大きい組への共感、信頼感がある。親切にしてもらったこと、遊んでもらったこと、生活のなかでの触れ合いなどが積み重なっているようだ。

　このように、自分の存在だけでなく、年中や年長組の友達の存在を理解し、受け入れられるようになってきた。

STEP 3　保育者の関わり　環境構成や援助など、具体的に記録しよう！

　子どもの期待感を大切にし、年中組と同じように楽器遊びをしてみると満足してやっていた。また、すでに取り入れている D 当番活動を一部分でなく全体的に取り入れ、保育者が手伝っていたところも子どもに任せてみるようにした。

　また、大きい組にみんなで出かけて、年中児がしている A 当番や仕事の話について聞いてみたりした。その他にも、年長児を送るお別れ会の準備や新入園児についての話し合いをするなどして、進級への期待感を支えていった。

　新入園児の友達にどんなことをしてあげたいかなどを聞き出したり、生活習慣の確認をしたりしながら、B 年中組になる自覚を促していきたい。

A

思考力の芽生え

年中組の合奏の練習を見てお別れ会があることがわかり、それに対して自分たちもやりたいと気づいて保育者に提案した。クラスの仲間も友達の様々な考えに触れて、自分もやりたい気持ちを表している。

B

自立心

年中児や年長児から刺激を受けて、あこがれたりしながら、自分もやりたい、やってみたいと意識をもって遊びを考えたり、工夫したりしていく。これは大きくなることへの期待の表れである。

C

社会生活との関わり

園生活や遊びを通して大きい組と関わり、安心したり、刺激やあこがれを感じたりした。いろいろな年代の人との関わりが、自分も大きい組になって役に立ちたいという進級への期待につながっている。

D

健康な心と体

園生活のなかで見通しをもって当番活動に触れながら、友達と一緒にクラスで責任をもって自立できるように、保育者が任せた。友達と協力して自分たちの園生活を気持ちよく過ごせるよう整えていくことに、充実感がもてるようになる。

保育記録の具体事例 4歳児

(4歳児の姿)

自己主張しながら仲間を意識して
関わりをもち、社会性が身につく時期

体

全身の動きが巧みになり身辺自立ができる

平衡感覚が育ち、全身のバランスがとれ、体の動きが巧みになる。運動機能も高まり、喜んで積極的に体を動かそうとするが、無理をしてケガをしたりし、安全への注意が散漫になることがある。身辺自立ができ、手先の操作力も高まるが、物事への取り組みでは刺激に流され持続力が乏しい。

遊び

友達とイメージを共有しながら積極的に関わり遊ぶ

積極的かつエネルギッシュに遊びを楽しむ姿が見られる。友達と一緒にいることがうれしく、イメージを共有しながら、ごっこ遊びなどを展開する。友達から刺激を受けて遊びをおもしろくするために工夫したり、必要なアイテムを作ったりするが、話し合ったりまとめたりすることができにくくトラブルになることも多い。自分の興味のあることに没頭して遊ぶ姿も見られる。

言葉・認識

話す意欲が高まり物事の違いなどに気づく

自分の気持ちや経験したことを言葉で伝えようとし、相手の話も聞こうとする。しかし思いが強く、うまく言葉で表せないこともあり戸惑ったりする。状況の判断はできるが、対応することができにくく保育者の力を借りることがある。物の違いに気づき、比較（大きさや数量など）するなどして、生活のなかに当てはめてみたりする。

心

自意識が芽生え他人を意識するようになる

自己の世界が広がり、周りが見えてきて、そのなかで自分を認めてもらおうと自己主張が強くなる。友達より優位に立ちたいと考え行動するので、トラブルも多くなる。気持ちが先走るがコントロールがうまくできないことや、道徳を認識しながらも自己の欲求も強く、そのはざまで戸惑い葛藤する。少しずつ自分の気持ちをコントロールしようとする。

人との関わり・社会性

友達の個性や集団のなかの自分の役割に気づく

友達と一緒にいることを喜び、つながりも強まる反面、トラブルも多くなる。友達のなかでの関係性が見えたり、相手の個性がわかったりすると、それに対応しようと知恵を巡らせる。秩序やルールがわかり、守ろうとする。また、集団のなかでの自分の役割が見えてきて、当番や手伝いを積極的にしようとする。

進級に期待をもつが、新しい環境に戸惑い不安になる

大きくなることに喜びを感じる子どもたちは、進級したことがうれしく、喜んで登園します。3月まで使っていた3歳児クラスの靴箱のところに行き、いつもと違う雰囲気に少しあわてて周りを見回し、新しいクラスの靴箱を見つけて駆け寄ります。部屋も新しくなり、先生も友達もイメージしてきたことと少し違っていることに戸惑いをみせ、緊張した表情を見せます。

3歳児クラスの友達と会うと、ホッとした気持ちになり、いつもの元気な姿に戻り、外に出て遊具で遊んだり、室内では仲よくなった友達と一緒にドレスを着て、ごっこ遊びをはじめます。

そんななかでも雰囲気の違いに圧倒され、不安になり、3歳児クラスのときの担任のところに行き、受容され、落ち着いていく子どももいます。

進級したての緊張が少しずつゆるんでくると、ふざけたり、自己主張したりして、にぎやかに楽しみながら過ごしています。

96

この時期の
特徴や変化
に注目!!

新しい
クラスはどう?

園生活や保育者との関わり

進級した喜びと環境の変化に戸惑う

　進級した喜びで、張り切って登園するが、新しい部屋や担任、友達などの園内の変化に戸惑い、緊張する。しかし、園生活は経験があるので、身支度や活動の流れなどは把握でき、スムーズに動くことができる。

不安や緊張を保育者や友達に受け入れてもらう

　担任が変わったり、親しかった友達と違うクラスになったりして不安になるが、3月まで使っていた3歳児クラスの部屋をのぞいたり、親しかった友達と砂場で遊んだりしているうちに、安定して遊べるようになる。また新しい担任に慣れると「一緒に遊ぼう」と声をかけたりするようになる。

安定すると調子に乗り、ふざけてはめを外したりする

　気持ちが安定すると、自己を発揮し、友達とふざけたり、危険なことをわざとやったりする。また自分を認めてもらおうと知恵をしぼり、目立つ行動をしたがる。

遊びや友達との関わり

以前のクラスの友達と遊びはじめる

　朝、支度もでき、遊ぼうとしているが、何か手持ちぶさたな様子。保育者が誘っても「いい」と動かず、「どうしたのかなあ」と心配していると、「ああ、来た！　ジュンちゃん、遊ぼうね」と飛んでいき、友達が支度するのを待ってニコニコと外遊びへと飛び出す。以前のクラスの知っている友達が支えとなり、安定して遊びはじめる。

好きな遊びを見つけて遊ぶ

　外では、ジャングルジムやすべり台で体を動かし、くり返し遊んでいる子もいれば、室内で「ブップー」「あぶないですよ」とブロックを組み合わせ、自動車に見立てて運転したり、近くで遊んでいる子に「ブロックつなげようか？」と、声をかけたりする。このように、好きな遊びをしている子同士で一緒に遊ぶ姿も見られるようになってくる。

気の合った友達と好きな遊びを楽しむ

「先生、ヒロくんも剣作って！」「先生、早く」「ぼくが先！」と、保育者が新聞紙や包装紙で作った剣を見て、子どもたちが集まってきます。

遊びたい思いが先立って、自分が先にと欲求を表現します。年度当初の緊張もほぐれて、友達のなかで自分の思いを素直に出しているのです。

ハルキが保育者のまねをして剣を作りはじめました。「先生、見て」と得意そうに見せてから、

ハルキは、それを持って遊びはじめました。それを見ていたソウマもハルキのそばに行って作りはじめました。

マユミはドアのところでカナコを待っています。登園してきたカナコを見つけると、「カナコちゃーん、遊ぼう」とうれしそう。

気の合う友達と一緒に過ごすことを心から楽しみはじめています。

この時期の
特徴や変化
に注目!!

先生
作ってー

ぼくも！

遊びや友達との関わり

気の合う友達との交流を楽しむようになる

「わたし、○○ちゃんと遊びたい」「○○ちゃん、来た？」と、クラスの「あの子」と遊びたいという意思をもつ子が出てくる。「折り紙あげる。お花作ろう」とお互いにニコニコして話したり、追いかけごっこをしたりして、言葉や視線、表情などで共感を楽しんでいる。

好きな遊びを楽しみながら、友達がいる楽しさを感じ取る

保育者の弾くピアノやCDの音楽に合わせて、タンバリンやカスタネットなどの器楽合奏をしたり、自由に歌ったり踊ったりするのを喜ぶ。ひとりで歌ったり、演奏したりするだけよりも、同じような楽器を手にし、仲間の一員であることの楽しさを身体や心で感じ取っている。

まだ自己中心的な面が多いので、トラブルが起こる

友達と遊びながらも、思うようにならないと手が出てケンカになる。相手の気持ちになったり、自分の思うことを相手にわかるように説明したりするのはまだ未熟で、些細なことでトラブルが起こる。

園生活との関わり

園生活のルールを理解し、見通しをもち安定して過ごす

新しい環境に変わった4月当初の不安や混乱もすっかりほぐれてきて、行動がスムーズになる。また、園生活のルールを理解し、行おうとする。むしろ、「早く○○して遊びたい」など、気持ちが高まってきているため、行動も意欲的になっており、登園シールを貼る、スモックに着替える、お弁当の支度をする、手を洗う、片づけ…など、毎日くり返し行うことは、すみやかに行っている。少しずつ見通しをもって生活できるようになる。

友達の存在を意識して、そのなかで自己主張したがる

「わたしが織り姫やるの!」

7月7日の七夕祭りのときに、保育者たちの劇をみんなで見た後、サクラ、アヤ、メイは自分たちで劇ごっこをはじめます。

だれが何の役をやるかという話になったとき、3人とも「織り姫」をやりたいと言い出しました。「織り姫はひとりじゃないとダメ」と、サクラは言いはります。

そして、サクラ、アヤの2人は、それぞれ相手に「彦星」「神様」など、他の役を押しつけようとしています。

メイは自分も織り姫をやりたい様子ですが、ふだんから引っ込み思案のため、なかなか強く言えない様子です。

この時期の
特徴や変化
に注目!!

保育者や友達との関わり

友達を意識し、そのなかで自己主張する

友達同士の遊びが楽しくなり、引きつけられるように遊んでいる。しかし、自分が一番を取りたい、主導権を握りたいと思う気持ちが強く、物の取り合いやごっこ遊びの役割などで、自己を主張し合う。

仲間とのごっこ遊びを楽しむ

自己主張し合えるように遊びの環境を用意すると、新聞紙などで剣を作りヒーローごっこをしたり、布や衣装を手にして、アクセサリーコーナーで、お母さんごっこや園ごっこをしたり、また空き箱やモールなどを使って製作して、お店屋さんごっこを楽しんでいる。

仲間のなかで自分が優位に立ちたい

友達と遊ぶ楽しさがわかってきて、一緒に遊びを進めようとするが、それぞれのやりたいことが先に立ち、「自分」の世界になってしまう。

物の取り合いやごっこ遊びの役割など、目に見える部分で人より「自分」が優位に立とうとする。

園生活や遊びとの関わり

自己解放するようになる

暑くなるとともに、感覚的に心地よい水遊びが活発になり、仲間と遊びながら気持ちを発散し、解放できるようになる。

知恵がついてくる

劇ごっこの役決めのときなど、お姫様役はひとりでないとおかしいということがわかってきている。また、主役の座を獲得するために、様々な言い分を考え、知恵を働かせようとする。

保育者の誘いに応じたり、手伝いをしたがる

保育者への信頼感が生まれてきて、クラスの友達と一緒にする遊びへの誘いに期待をもち参加する。また、保育者の手伝いをして、みんなの机を拭いたり、手紙を配ったりすることを喜ぶ。

友達と積極的に遊び、相手の気持ちがわかるようになる

「ここのとこ、つなげようよ」「うん」「ぼく、水汲んでくる」「こっちから水入れよう」「ダムにしようね」「うん」…砂場で会話が弾んでいます。相手の言葉や相手の動き、そして相手の気持ちがわかってきました。

この時期の4歳児たちは、友達の存在を認識し、自分のイメージや気持ちを伝え、一緒に遊ぶ楽しさを味わっているようです。

一方では、「先生、お金作ろうよ」「どうして?」「だってスーパーのレジ作るんだよ」と、コウキが菓子の箱でレジを作っています。「昨日、スーパーに行ったんだよ」と話してくれます。

身近な生活環境に積極的に関わり、興味や関心をもったことにより、そのイメージを実現しようと遊びに取り入れています。

この時期の
特徴や変化
に注目!!

お水
くんでくる

うん

友達との関わり

友達と気持ちを伝え合い、イメージを共有して遊ぶ

遊びのなかで相手の動きや言葉に答えることができるようになってくる。また、自分の考えを伝え、イメージを共有する楽しさやそれにともなう安心感を味わえるようになる。

友達の刺激を受け、自分なりのイメージで表現する

遊びのなかで相手の動きや言葉に刺激を受け、自分もまねしたくなり、その動きを工夫してひと味違った自分のイメージで表現しようとする。

友達を意識し、困らせようとする

相手の存在を十分に意識すると、少しでも相手より優位に立ちたいという気持ちが出てくる。いろいろ知恵をめぐらせて、相手の困ることを考え、「遊ばない!」と言って仲間はずれにしたり、意地悪をしたりするようになる。

しかし、そういう行動も長くは続かず、また仲よく遊んでいる姿が見られる。

園生活や遊び、行事との関わり

身近な生活環境を遊びに取り入れる

身近な生活の出来事に興味や関心が広がり、自分なりに理解したことやイメージしたことを遊びに取り入れ再現しようとする。

自分のやりたいこと、必要なものをはっきり要求する

「砂場で遊ぶから大きいシャベルを出して」「赤いひもがほしいの。リボンにするから」など、"こうしたい"という意思表示があり、それをだれに要求したらよいかがわかり、保育者や友達に伝えようとする。

行事に期待をもち楽しみに待つ

運動会や遠足、生活発表会などの行事を楽しみに待つようになる。終わった後も、体験や感動したことを様々な方法で表現しようとする。

秋の自然に探究心をもち、質問が多くなる

木の葉や空気の変化を感じ取り、「どうして」「なぜ」と質問したり、「秋だもんね」「冬になるんだよ」と、自分の知っていることを伝えたりする。

友達の考えを受け入れたり、自分の考えを伝えたりして工夫して遊ぶ

「だれから、はじめる?」「ジャンケンにしよう!」「いいよ」と、すごろくでサイコロを振る順番を決めたり、「前へ進む、だって」と、字の読める子が手伝ったり、自分たちで遊びを進める姿が見られます。ごっこ遊びでも、役割を分担して遊びながらも、「○○ちゃんも一緒でいいよ」と、同じ役を受け入れる姿が見られます。

また、自分たちで必要だと思えば、ごっこ遊びの小道具を工夫しています。例えば、戦士の手首にプロテクターをつけたり、剣にストッパーを得意げにつけたりします。

それを見た友達が「○○くん、かっこいい、作って」と頼むと、「いいよ」と返事も気安く返ってきます。

この時期の特徴や変化に注目!!

友達との関わり

いろいろな友達を受け入れる

　仲よしの友達に限らず、いろいろなタイプの子が一緒に遊べるようになる。いろいろな友達とどのように関わるとよいのかに気づきはじめる。年長児の遊びに参加したり、年少児と遊んだりする姿も見られる。

友達と遊びを進めることを楽しむ

　自分の思いやイメージを言葉で伝え合い、保育者がいなくても時間をかけてじっくり遊ぶことが多くなる。友達と一緒に過ごす充実感を味わっている。

思いやったり、協力したりして遊ぶ

　それぞれの力を認め合い、役割分担をしたり、ルールを決めたりして、同じ目的に向かって遊びを進めている。力を合わせれば大きい物も作れること、楽しさが増すことがわかってくる。仲間意識の広がりや深まりにより、励ましたり、かばい合ったりしながら、ともに成長している。

園生活や遊び、行事との関わり

経験したことや、してみたいことを遊びに取り入れる

　家庭で経験したカルタやトランプ、年長組が見せてくれた合奏など、身近で行われていることを友達と再現して楽しむ。知っていることを伝え合いながら、必要なものを考え、準備して意欲的に取り組む。

自然の様子、季節の移り変わりに関心をもつ

　水たまりの氷を見て「ここは割れない、厚いよ」と言ったり、草花や木の新芽に興味を示したりする。"なぜなのか"を考えたり、知っていることを伝えたりするなど、身近な事象への興味や関心が広がり、質問も増える。

進級への期待をもつ

　新入園児歓迎会やお別れ会の経験を通して、新しい友達が入ってくることや年長児が卒園していくことを理解する。また、会のためのプレゼント作りや、自分たちの歌や踊り、劇などをして見せた経験で自信も高まり、みんなと一緒に進級することを楽しみに待つようになる。

だれからはじめる？

ゴール

保育記録の具体事例

4歳児
1期

クラス日誌
子どもたち
の記録

好きな遊びを見つけ、
好きな場所で遊びはじめる

進級して少したち、新しい環境にも慣れてきたようです。

「先生、これ剣だよ」と、ブロックを長くつなげて保育者に見せたり、他にもいろいろなことを伝えにきたりし、安心して好きな遊びに取り組むようになってきています。クラスが変わっても年少時代の友達も一緒に、砂場で穴を掘って水を入れたりして遊んでいます。

一人ひとりが園生活のなかで、お気に入りの遊具や遊び、友達を見つけて楽しむようになってきました。

STEP 1 子どもの姿　ありのままに記録しよう！

4月20日　4月当初の混乱が少し収まり、ままごとコーナーでは A お母さんごっこ、お姫さまごっこがはじまり、砂場では水を使っての遊びがはじまった。友達との関わりはまだ少なく、好きな場所で遊ぶという状態だ。

4月23日　泣き出しそうな顔をしたジュンが「先生、サトシにたたかれた」と、訴えてくる。

　一緒にカメに餌をやっていたとき、「ぼくも触りたい」「持てるよ」と、サトシがカメを乱暴に扱ったので、ジュンが B 「ダメだよ、そーっと持たないと」と言ったとたんに頭をたたかれたのだという。

5月7日　タツオとサトコは進級後、不安定になることもなく遊んでいたが、連休明けメソメソしている。降園時、バスに乗る時間になると、サトコは「先生も乗る？」「そばにいて」などと涙ぐんだりする。

STEP 2 考察　行動の意味を考えて記録しよう！

　新しい環境への不安や戸惑いを、保育者が受容し援助したことや子ども自身が環境に慣れたことなどで、安心していろいろな場所で遊べるようになってきた。

　しかし、時として C 遊びや生活のなかでのルールが理解できないために混乱が生じ、友達同士のトラブルも起こる。また、落ち着いていたように見えた子も、連休を家で過ごした後の登園で不安を感じ、落ち着かなくなり、保育者に依存して安定を求めているようだ。

STEP 3 保育者の関わり　環境構成や援助など、具体的に記録しよう！

　気に入っている遊びは何か、仲のよい友達はだれなのかを個々に観察していった。そして B トラブルが起こったときや、悲しかったり、嫌だったりした気持ちを保育者が仲介役として代弁し、仲裁し、やりたいことのできる環境を作っていくように工夫した。

　また、机を拭く、当番をするなど、ちょっとした手伝いをしてもらうことで、進級間もない子どもたちの心を満たすようにしていく。

　保育者の D 「ありがとう」「助かるわ」の言葉で、子どもたちが勇気づけられ安心することを再確認し、信頼関係を築くよう努めた。

A
自立心

進級という新しい環境のなかで、遊びたいと思う気持ちになり、好きな遊びを見つけて主体的に関わる。これにより、気持ちが安定していく。

B
言葉による伝え合い

小動物の扱いを自分の言葉で説明しようとするが、まだ両者の意志の疎通が難しく、保育者が援助することで理解し、安心することもある。

C
道徳性・規範意識の芽生え

遊びや生活するなかでしてよいことと悪いことがわかり、友達にも伝えようとする。しかし、言葉が強くなったりして相手にうまく伝わらないことがある。少しずつ理解が深まり、きまりある生活を送れるようになる。

D
社会生活との関わり

保育者の手伝いを感謝されたことで、「人の役に立つ」ということに喜びを感じる。また、子どもは自分を認めてもらったという経験で安心感をもち、関わる社会を少しずつ広げていく。

保育記録の具体事例

4歳児
1期

個人簿

アキラ
の記録

進級して張り切ると同時に、不安で泣いたり甘えたりする

　新入園児がいないと探して連れて来てくれたり、困っている子どもがいると、手伝ってあげたりなど、自発的に気づいて行動しているアキラ。

　しかし、降園準備のときに「（バスより）お迎えがいい」とか、「もっと遊びたかったのに」と泣いたりします。また、遊んでいる途中で「つまんないよぉー」「何かおもしろくなーい」などと言ってみたりして、保育者をひとり占めしようとしたりします。

　また、「先生、お外に行こう」と保育者を誘い、遊んでいるうちに見失うと、すぐにその場から離れ、園庭の隅でしゃがみ込んでしまいます。しかしその後、保育者を見つけると、走り寄り、甘えてきます。

STEP 1 子どもの姿　ありのままに記録しよう！

4月26日　初めの1週間は、進級がうれしくて登園し、新入園児の世話を張り切って
していた。周りの子どもたちが落ち着きはじめても、メソメソと泣いたりすることがあ
る。

　保育者のすることをじっと見つめてから、保育者のエプロンのリボンを引っ張った
り、お尻をたたきにきたりする。保育者が「コラ」と反応し、追いかけたりすると、おも
しろがって何回もやりにくる。

　また、　A 保育者を相手に遊び、ごきげんだったのに、「入れて」と他の友達が入る
と、「何かつまらないなぁ」と言って、遊びを止めたりする。

　B 集会のために「集まりましょう」と声をかけても、「これが終わったら」「あと1
回すべったら」と、いつまでも続け、「大丈夫だよ、まだ遊んでいようよ」と友達を
引き止めたりしている。

STEP 2 考察　行動の意味を考えて記録しよう！

　進級した喜びで張り切っていたが、周りの様子が見えはじめると不安を隠しきれず
にいる。そしてそのなかでの一番の関心事は自分の先生で、C,D この人は優しそうか、
おもしろそうか、甘えられそうか、などをじっと見つめ、試したり、探ったりする行動
がたくさん見られる。

　そして、行動するたびに「先生、見て」「できない、やって」「〜していいの？」と、頼っ
てみて、確認をしている様子である。

　保育者が、より不安げな子の方へ行ってしまうと、かえって保育者に依存し、自己
主張し、しかも友達をも巻き込みながら退行しているような姿を見せたりする。

STEP 3 保育者の関わり　環境構成や援助など、具体的に記録しよう！

　アキラとの関わりをもつように心がけ、膝の上に乗せて絵本を読み、スキンシップ
を大切にしていった。　C しっかり受け入れ、関心を示すことにより、心の安定と信頼
関係を築くようにした。また、よいところを見つけ褒めるようにしていった。

　一見すると安定しているように見える子どものなかでも、不安な思いをしている子
への配慮を忘れないよう心がけたい。

A

自立心

自立心がもてるようになる前
の段階ではあるが、この姿
の先に「自分で」という自立
心が芽生えてくるので、保育
者はこの姿を受け止め、自
信をつけていけるような援
助をしていきたい。

B

道徳性・規範
意識の芽生え

集団生活でのきまりごとに
は、自分の都合は我慢しな
ければならないこともあり、
気持ちの調整が必要にな
る。保育者は子どもの思いを
受け止めつつ、子どもが状
況を理解していけるよう援
助する。

C

社会生活との
関わり

新しく出会った「人（先生）」
に対して情報を集めようとす
る。相手を知ることで安心す
ると信頼感が高まり、少しず
つ自分の人間関係を広げて
いく。

D

思考力の芽生え

新しい担任のことを「知りた
い」という気持ちで近づき観
察し、試して分析している。
保育者はユーモアをもって
子どもに接し、子どもが保育
者をより身近に感じられるき
っかけにしていきたい。

保育記録の具体事例

4歳児

1期

個人簿

ショウマ
の記録

きちんとしなければならない
という意識が強い

ショウマは、とても行儀よく、受け答えもしっかりしていて、身辺自立もできています。

しかし遊びに没頭したり羽目を外したりすることがなく、何かさめた様子で周りを見ています。自分から友達と関わろうとせず、子どもたちの元気な声が聞こえたり、キャーキャーと騒ぐ声が大きかったりすると、「うるさーい！」などと言い、「一緒に遊ぼう」と誘っても「いいです」などと大人のような言葉遣いをします。

砂場で遊んでいても、汚れたといってはすぐに手を洗います。みんなで何か活動しているときは、他児のやっていることをただ眺めています。

STEP 1 子どもの姿 ありのままに記録しよう！

4月8日　登園し、母親が「ご挨拶しましょうね」と言うと、しっかり挨拶ができるがニコリともしない。

4月11日　毎朝、行儀よく、丁寧な挨拶をする。言葉遣いがしっかりしていて、保育者が「これ、何だか知ってる？」と聞くと、「アメリカザリガニです」ときちんと受け答えをする。

4月14日　みんなが元気に遊びはじめているので保育者が「遊ぼう」と誘っても「いいです」と断る。かと思うと、長いすのところにみんなが並んで座っているのをそばで見ていて突然 A 「ひとり、2人、3人……」と数え出し、「みんなで5人いますね」と言う。

4月20日　絵の具のコーナーで、みんながぬたくりを楽しんでいるので誘ったが、いつものように「いいです」と後ろに下がった。

STEP 2 考察 行動の意味を考えて記録しよう！

　泣かずに登園していたので、当初は緊張しているのかと思ったが、違うようである。遊びのなかに入れず、傍観していることが多いので、家庭ではどんな生活をしているのかを保護者に聞いてみた。

　母親は清潔好きで、衛生面にはとても厳しいようだ。はじめての子ということもあって、相当細かく気を遣って子育てをしていたという。また早期教育も考えているなど、かなり母親の思い通りに、型にはめて育てたようだ。ショウマの日常は、B 大人の生活様式や価値観そのものを要求された生活なのかもしれない。

STEP 3 保育者の関わり 環境構成や援助など、具体的に記録しよう！

　ショウマの前で、保育者が率先してはだしになってみせたり、子どもたちと関わって C 砂遊びをしてみせたりした。ときにはショウマを誘ってみたが、B 「大人なのに、なぜどろんこ遊びをするんですか？」などと聞かれる。他の子どもと同じように C 活動的に行動してほしいと思うので、様子を見ながら少し気長に見守ってみたいと思う。一方で、ショウマの興味のあることに保育者が関わってみようと思う。

　他児に興味や関心が向いてくれば、やってみようという心も動き、意欲も生まれ、活動し出すと思われる。現に「どうして？」「なぜ？」と不思議そうにしているところに、そのきざしが見えてきている。

"10の姿"の視点から

A

数量や図形、標識や文字などへの関心・感覚

4歳児になると様々な場面で数えようとする姿が増えてくる。生活や遊びのなかで、自然に出てきた姿を保育者がフォローしたり、必要な場面で提案したりすると子どもの関心がより高まっていく。

B

道徳性・規範意識の芽生え

「～すべき」という秩序性が高まる4歳児。家庭での規範意識は子どもの思いに影響を及ぼす。保育者は園で友達と関わりぶつかり合い、葛藤する体験を通して、子ども自身の規範意識を構築していくようにしたい。

C

健康な心と体

どろんこ遊びなどの感覚的な遊びや走ったり、登ったりする体を動かす遊びなどの経験をせずに育ってしまったのであろう。今後は多様な遊びを通して、健康な心と体を育んでいく。体つきがしっかりして、協応動作が巧みになってくる4歳児にふさわしい活動を促していきたい。

保育記録の具体事例

| 4歳児 |
| 2期 |

個人簿

カズキ
の記録

何に対しても興味をもつが、長続きしない

　カズキは、目に入った積み木やぬいぐるみ、ブロックなどを手に取ると、少しの間は遊んでいますが長続きしません。

　さっきまで、砂場で遊んでいたかと思うと、今度はすぐそばに転がってきたボールをけりはじめました。砂場の方はもう見向きもせずに、ボールけりをしています。

　ボールけりをしていたケンイチとケント、エミが、「カズキく〜ん、やめてよ」と、勝手に動き回るカズキに声をかけました。カズキは笑顔ではあるけれど、あまり聞いている様子は見られません。2〜3分間くらいはボールけりをしていましたが、いつの間にか、今度は積み木遊びの方にいっています。

STEP 1　子どもの姿　ありのままに記録しよう！

6月4日　4月当初から、進級の緊張もなく、ひょうひょうとしていた。

　　A 身支度は、なんとなくやっているが、よく見るとかばんや帽子は整理せずにグチャ グチャ。お弁当のときでも手を洗わず、気がつくともう着席している。何事も大ざっ ぱである。片づけはほとんどせず、出しっぱなしのことが多い。

　　B いろいろな遊びに興味をもち、あちこちに現れるが、長続きせず、すぐ次の遊び にいく。

STEP 2　考察　行動の意味を考えて記録しよう！

　　カズキは特別に何かをやりたいとか、好きなものを見つけようと思う気持ちもな く、目に入ったものやその場にあるものに関わりながら、それなりに楽しんでいるよ うだ。しかし、周りの友達がそれぞれの遊びに集中していたり、C 友達同士で遊ん だりしている姿を見て、なんとなく落ち着かず、おそらくカズキ自身が B 心の安定を 求めて自分の好きなもの（好きな人）探しをしている最中なのであろう。

STEP 3　保育者の関わり　環境構成や援助など、具体的に記録しよう！

　　カズキは、SOS を保育者に出すわけでもなく、平気な様子で過ごしているので、 進級当初の 1 か月くらいは、保育者として気に留めることはなかったが、カズキの実 態を受け入れながら、次の 4 点について方向づけを実践したいと考える。

1. 生活習慣などについて、A ひとりでできるよう、ともに手伝う。丁寧に、具体的 に指導する。

2. 遊びについて、じっくり取り組む楽しさを知らせるために、一緒に遊んだり、共感 し合ったりするチャンスを多くする。スキンシップも多くしていく。

3. 友達について、C 歌遊びやわらべうたなどでともに遊び、人と触れ合うことの楽し さを体験するようにしていく。

4. 母親に対して、話し合いをしながら、カズキを十分に甘えさせることが安定につな がることを伝える。

A　“10の姿”の視点から

自立心

生活習慣は、家庭環境の要因も大きく、本人自身どうしたらよいかわからない不安があるのではないか。ひとりでできるようになる（生活自立を促す）ことが、子どもが主体的に身近な環境に関わることにつながっていく。

B

健康な心と体

自分のやりたいことに伸び伸びと取り組むには、安心できる環境（人や場所）が必要。不安を直接表出する（泣く）3歳児とは異なる姿を見せながら、好きな遊び、信頼できる人を見つけていく。

C

協同性

気の合う友達と関わり、一緒に歌を歌ったり、絵本を見たりして、「友達と一緒の楽しい体験」を重ねることは、友達関係の広がりや深まりにつながる。

2 保育記録の具体事例

4歳児

保育記録の具体事例

4歳児

2期

個人簿
ユイナ
の記録

友達が遊んでいる様子を眺めている

進級して、もう2か月半がたとうとしていますが、ユイナは好きな遊びに熱中するわけでもなく、ただぼんやりと友達の遊びを眺めています。

反対に、同じバスコースのケイコはとても活発です。ときどきケイコがユイナを遊びに誘うと、嫌とも言わずにそのまま一緒に外に行って遊んだりしていますが、ふと気づくと、また友達から離れ、ひとりでぼんやりしています。

STEP 1　子どもの姿　ありのままに記録しよう！

6月18日　進級後、2か月くらいして、他の子たちが好きな遊びに目を向けて行動するようになっても、ユイナは相変わらずおとなしく、ぼんやりしている様子が続く。A 5月頃には、室内で他の子の遊びを眺めていたが、6月に入ると、テラスに出て外遊びをじっと見ていることが多くなった。

　友達がケンカなどをしていると、後ろの方に隠れてしまう。B 園生活の流れにそった行動、例えば、昼食時の支度や登園シールを貼るなどは、マイペースではあるが行うことができる。

STEP 2　考察　行動の意味を考えて記録しよう！

　4月生まれのため、物事をよく考える力もあると思われるユイナは、園生活の流れもそれなりに理解できていて、B「やらなければ」とか、「頑張ろう」という気持ちが続いていた。しかし、やや臆病な性格も合わせもっているようで、何事にもすぐビクッと驚いたり、友達の後ろ、後ろに引っ込んだりしてしまう。

　集団のなかで自分をさらけ出したり、行動を起こすとまではいかないが、C 様子を眺めるだけであっても、室内から外に目を向けられるようになってきている。これは、ゆっくりではあるが A ユイナなりに、自分のペースで緊張がゆるんできたためと思われる。

STEP 3　保育者の関わり　環境構成や援助など、具体的に記録しよう！

　母親との面談の結果、ユイナには人と関わる経験が不足していると思われたので、家庭でも、友達数人と遊ぶようにして、自分の思いをそのまま出せる環境作りを心がけるように伝えた。

　園では、保育者に対し無意識に遠慮している様子が見られたので、こちらから、スキンシップや声がけのチャンスを多くした。遊びについては、ユイナが自分自身で納得するまで行動しないと思われるので、本人の気のすむまで、眺める遊び方でよいという保育者の姿勢をとった。しかし、「遊んでみたら楽しかった」という経験もユイナに体験してほしい。

A

健康な心と体

園生活のなかで、子どもが充実感をもって過ごしていくための第一歩は、心と体が健康であることである。一人ひとりの子どものペースで心が安定していくことで、様々な外の環境に興味・関心が向くようになる。

B

自立心

決められた事柄や身の回りのことに自ら取り組もうとしている。新しい環境ではあるが、園内でしなければいけないことを自覚し、主体的に関わろうとする。

C

社会生活との関わり

新しい環境でどうしてよいかわからず、戸惑い、混乱してしまうのであろう。そのなかで少しずつ、他に目を向ける手がかりを見つけ、自分なりにはじめの一歩を踏み出そうとしている。

保育記録の具体事例

4歳児

2期

クラス日誌

子どもたち
の記録

小動物に興味をもったり、世話をしたがったりする

　子どもたちがそれぞれ、自分の気に入った遊びをくり返し楽しんでいます。同じ遊びで出会った友達や、同じ遊びに関心をもった友達との関わりも多くなってきました。

　保育室の窓際に小机を並べて小動物を飼育しているコーナーには、入れ代わり立ち代わり、子どもたちがいつも集まっています。

　「あ、首、引っ込めてる」と、カメを見ながら叫ぶシゲキ。「えーっ、どこどこ?」とマユミが寄ってきて、「うわぁー、ホントだ」と大はしゃぎ。カメを見た後、まねしてふざけ合ったりして、飼育物の周りはいつもにぎやか。保育者が水替えをしたり餌をあげたりする姿を見て、「やりたい!」「やらせて」と大騒ぎです。

STEP 1 子どもの姿　ありのままに記録しよう！

6月1日　登園後、シゲキはすぐに飼育コーナーへ行く。そこでは、カメをじーっと見ていたキョウコと一緒になる。

　シゲキが突然、「あ、首がない！」と、おどけながらカメを指さして言うと、_Aふだんおとなしいキョウコが、思わず「ふふふ」とうれしそうな笑顔。その後、「えーっ」「うわー、ホントだ」などと言いながら3～4人が寄ってきて、カメをのぞいている。

6月2日　お弁当の後、5～6人の子どもたちが飼育物を取り囲み、はしゃいでいる。

　保育者が、水替えをしたり餌をあげたりしようとすると、「先生、わたしにやらせて」「ぼくがする！」と、そばを離れない。_Bオタマジャクシの餌用にと、保育者がかつお節を少し手にのせてあげると、水の中に入れ「食べるかな」と、興味津々。

6月3日　_Aカナエが自由画帳にカメの絵を描き、「先生、見て」と、持ってきた。保育者が「うわぁー、生きているみたいなカメね。とても上手」と言うと、_Aケイスケもさっそく、自由画帳にオタマジャクシを描きはじめた。

STEP 2 考察　行動の意味を考えて記録しよう！

　進級後の不安な心や混乱した気持ちは、保育者や環境に受容されることで安定してきた。その安定に導くために大きな役割を果たした環境のひとつが小動物である。それが、この時期にきて、_B親しみや心のいやしとしての存在から、興味や関心の対象、または、友達のような存在に移行してきたと思われる。

　さらに、小動物との触れ合いを通しながら、友達との共感を楽しむことも多くなってきているようだ。また、自己発揮したい子どもの心が、小動物の世話とも結びついているのではないだろうか。

STEP 3 保育者の関わり　環境構成や援助など、具体的に記録しよう！

　いろいろな物に興味や関心をもちはじめ、様々な姿で自己発揮している子どもたち。友達との関わりを楽しみはじめている様子も多々見られるので、いろいろな遊びや興味をもつものを考え、用意してみた。また、_C飼育している小動物への興味や関心が高まっているので、クラス全体に、個々の子どもの発言や発見を紹介した。絵の具やカラーペンなども用意し、表現活動へとつなげていきたい。

A

豊かな感性と表現

一人ひとりの子どもにとって、心を動かされたときの表出方法は、言語化や表情、つぶやきなど、様々な表現から見て取れる。また自分の興味や関心のある事柄に対し、描画を通して表現をする姿も見られる。

B

自然との関わり・生命尊重

身近な小動物との触れ合いは、子どもにとっては非常に魅力的である。自然や生き物の存在に気づき、親しみをもつことからはじまり、飼育活動などを通して、生命に対するいたわりや自然への愛情を育んでいく。

C

言葉による伝え合い

子ども同士で共通の興味や関心の対象があることで、自分自身の気づきや発見、思いを伝え合う姿が見られる。子どもの伝えたい意欲を大切に、ときに保育者が子ども同士の伝え合いの援助を行うことで、伝える喜びや聞く楽しさを味わい世界を広げていく。

保育記録の具体事例

4歳児
3期

個人簿
マサル
の記録

固定遊具やボール遊びでよくケガをする

　5月に、平均台から足を踏み外してケガをしてしまったマサル。7月に入って、またケガをしてしまいました。今度は、ふざけて園庭を走り回っていたら、鉄棒に頭をぶつけ、コブを作ってしまいました。

　保護者にお詫びの電話を入れたのですが、2度目ということもあり、母親は感情的になってしまいました。

118

STEP 1 　子どもの姿　　ありのままに記録しよう！

5月20日　**A** マサルは、外で巧技台を組み合わせたサーキット遊びをしていたときに、足を踏み外して落ちてしまった。病院に連れていったところ捻挫だと診断された。最初の1〜2回は緊張しながら渡っていたのだが、**B** その後、「こんなの簡単だ」とふざけながら渡るようになった。そばにいた保育者が一度は注意したが、結果的にケガをしてしまった。

　　母親へはすぐ報告と謝罪の電話を入れたが、とても心配している様子だった。

7月15日　**B** ふざけて園庭を走り回っていたら、鉄棒に頭をぶつけ、コブを作ってしまった。母親にはすぐに連絡をしたが、保育後、再度お詫びと報告を兼ね電話したところ、「2か月前にも4日間も通院するようなケガをしたんですよ。子どものことなのでケガはつきものだと思いますが、先生はしっかり見てくださっているのでしょうか」と、少し感情的になられている様子だった。家では母親の言うことをよく守る、とてもよい子だという。園でたびたびケガを起こすことが信じられないとの話であった。

STEP 2 　考察　　行動の意味を考えて記録しよう！

　マサルは、つねにそわそわしていて、じっとしていられず、注意力の散漫なところがある。家では母親が厳しく、「○○はしてはいけない」という禁止事項が多いようだ。そのことが、園に来たときの、**B** 普通以上に発散する行動につながっているのではないだろうか。

　A 本人の体と心の自己発揮のバランスが、うまく統合していなかったようにも思われる。

STEP 3 　保育者の関わり　　環境構成や援助など、具体的に記録しよう！

　翌日、主任と担任とであらためてお詫びに行ったところ、母親も少し気持ちが和らいだ様子だった。

　保育中、**B** マサルの動きを注意して見ながら、ときどき、落ち着くように声がけをしてみたり、気持ちがコントロールできる遊びを一緒にやってみたりした。7月末の個人面談の時点では、家庭での必要以上の規制や干渉が影響しているようだったので、まずは、**B** マサルの何にでも積極的に向かっていく姿勢など、よい部分を十分に認めながら、マサルがじっくり取り組める時間と場所を作るように母親に依頼した。

A

健康な心と体

体の様々な部位を巧みに動かすことが可能になり、意欲的に体を動かす遊びを楽しむようになる。しかしその一方でまだ自在に体の動きをコントロールすることが難しいときもあるため、ケガにつながる場合もある。
園で子どもが見せる姿は、子どもの心の状態が、体に影響を及ぼす場合があり、家庭での様子や発達など背景的部分も含め理解を進めていくことが必要である。

B

自立心

この時期は自分の力を過大に見せたり、調子に乗ったりする行動が多くなる。一方、自分をコントロールすることができにくい。自分自身で危険を避けるための行動が難しい場合は、保育者に支えられながら心と体の調整を行い、園生活を安定して送れるようにする。そのためには、園のみでなく、家庭との連携を取りながら進めていく。

2 保育記録の具体事例

4 歳児

4歳児 **3期**

個人簿
ミチコ の記録

言葉の意味を理解できず、会話が成り立ちにくい

　変身コーナーで、ドレスを着た女の子3人がお姫様ごっこで遊んでいます。しばらくするとミチコが泣き、そばでサトコとミカが困った顔でミチコを見ています。

　保育者が近寄り「どうしたの?」と聞くと、サトコが「みっちゃんが妹になってくれないの」。また、ミカが「お姫様と妹を、かわりばんこにやろうと言っても、みっちゃんがヤダッ! って言って泣いているの」と状況を説明しています。ミチコは泣き止まないまま、机にふせています。

STEP 1 　子どもの姿　　ありのままに記録しよう！

7月8日　プールの水遊びが終わって着替えた後、それぞれが好きな遊びをしていた。

　この頃は A ごっこ遊びが楽しくなり、友達数人とお姫様ごっこやままごとなどでよく遊んでいる。そんななか、変身コーナーでドレスを着たミチコとサトコとミカがもめていた。事情を聞くとお姫様ごっこで、B ミチコに妹役を頼んだら「ヤダッ！」と言って泣きだしたということだ。サトコとミカは状況を説明しているが、ミチコは何も言わず、ただ泣くだけであった。「みっちゃんいつもそうなんだよ」とサトコは不満気だった。

STEP 2 　考察　　行動の意味を考えて記録しよう！

　3人はいつも一緒に遊んでいるが、C ミチコはあまり自分の思いを伝えず、サトコとミカが、ミチコの面倒を見ていることが多い。A ミチコは友達と一緒にいることはうれしいようで、2人のまねをして動いている姿が見られる。また友達と一緒にはいるが、B 会話している様子は見られず、「うん」とか「ヤダ！」とかの短い単語が多い。どうやらミチコは話の意味を理解できないところがあるようだ。

　今日のトラブルも、D お姫様役と妹役をかわりばんこにする意味を理解できずにいたのかもしれない。日頃のミチコの様子を見ていると、保育者の指示がわかっていないで動いているところがある。そういうときに混乱すると、どうしていいかわからなくなり、泣くことが多くなるのだろう。

STEP 3 　保育者の関わり　　環境構成や援助など、具体的に記録しよう！

　今までミチコの行動や理解力に幼さがあることに気がついていたが、今日の姿から、それが D 言葉の理解によるつまずきではないかと考えた。そこで今日のトラブルにおいてはミチコが泣き止むまでそばにいて、D その後「かわりばんこ」の意味を簡単な絵をかいて説明してみた。そばでサトコとミカも一緒に聞いていた。じっと見ていたミチコは「うん」といったが、遊びの続きは時間切れでできなかった。

　今後は言葉だけの説明ではなく本を使ったり絵を描いたりし、指示を伝えるときは一対一で丁寧に伝えながら、D ミチコのつまずいている部分を明確にして、その対応を考えていきたい。

　また保護者と面談して、家での様子やミチコのつまずきについても話し合い、言語の専門機関を紹介しようと考えている。

A

協同性

この時期は、自己主張が強い時期でもあるので、相手に対して一方的に考えを押しつけたりし、トラブルになることも多いが、それでも友達から受ける刺激や共感する楽しさでごっこ遊びをくり広げている。

B

言葉による伝え合い

ごっこ遊びのなかで、イメージを共有しながら友達との会話を楽しむが、言葉の理解につまずき、相手の話がわかっていないと、どう対応してよいかわからず、混乱したり戸惑ったりする。

C

自立心

友達と遊んでいるなかで、自分に自信がないと、どう対応したらよいかわからず友達に依存する。
自信のなさは、状況を把握できずにどう行動してよいのか自覚がもてないためであろう。保育者による自立の援助が必要と思われる。

D

思考力の芽生え

友達とのごっこ遊びのなかでは、共通のイメージをもって遊ぶが、役割交代の意味が理解できないと、くずれてしまう。保育者は子どものつまずきを理解し、その子どもに合った考え方を整理して提示することが必要となる。

保育記録の具体事例

友達の行動を保育者に言いつけにくる

　サトルは、みんなの遊びのなかに入っていけず、いつもじっと見ています。そして、「先生、ヨッちゃん、水出しっぱなし」「先生、トシくんが三輪車を貸してあげないよ」「先生、タケシくん、おたより帳にシール貼ってない」など、きまりを守らないような行動をする友達を見つけては、保育者のところに言いつけにきます。

STEP 1　子どもの姿　ありのままに記録しよう！

9月10日　登園後、サトルが「先生、エイスケくんがまだかばん背負って遊んでいるよ。シールも貼ってないよ」と、言いにくる。また、外に遊びに行ったかと思うと、戻ってきて、_A「いーけないんだ！ 先生、エミコちゃんが服泥だらけにしちゃったよ」とか、「ケンタくんが、お砂場に入っちゃダメって言ってるよ」と、伝えてくる。

このところサトルは_A「○○が××しているよ！」と、1日に何回も言いにくる。

STEP 2　考察　行動の意味を考えて記録しよう！

サトルは保育者に、「サトルくん、教えてくれてありがとう」と言われるのがうれしいようで、_C保育者に認められ、褒められたい気持ちが強い。「先生、ぼくの方を見ていて」という自己主張の表れであると思われる。

また、それまで_Aひとり遊びが多かったサトルも、次第に友達のことが気になりはじめ、一緒に遊びたい気持ちもあるようだ。それで、友達の様子があれこれと気になるのであろう。

サトルは、友達と転げ回って遊ぶようなことはせず、一歩引いたところで冷静に見ていることが多い。どちらかというと理屈が先に立ち、保育者に注意されるような冒険はしないタイプである。_Bしてよいことと悪いこと、生活の流れ、自分のことは自分で行うなど、きまりについては理解していて、そこから外れると許せないなど、融通のきかない面がみられる。

STEP 3　保育者の関わり　環境構成や援助など、具体的に記録しよう！

サトル本人は、よいことをしていると感じているので、まず、サトルの気持ちを受け入れ、「ありがとう。よく教えてくれたわね」と、_C本人の行動を肯定し、認めるようにした。また、サトルにはまだ、直接注意して止めさせるだけの友達との信頼関係も表現のしかたも備わっていない。

まずは友達と遊ぶこと、関わることの楽しさが感じられるように遊びに誘ったり、友達との仲介役になったりしてみた。そして、保育者のところへ来る前に、_A相手に直接言えるよう、保育者がサトルのかわりに代弁したり、一緒に注意したりしてみせた。このような形で、自己主張しようとしているサトルの気持ちを汲み、保育者が仲介役になりながら、サトル自身が友達のなかで自己発揮できるように援助していきたい。

A

言葉による伝え合い

これまでのひとりの世界から、周囲の友達へと世界が広がることで、他児の行動や発言を観察することが可能になり、保育者に報告するようになる。保育者に伝える行為自体に、うれしさや使命感を感じている。

子ども同士の言葉での伝え合いを進めていくうえでは、保育者がモデルや仲立ちをしながら、言葉を介した伝達を行うことが必要である。

B

道徳性・規範意識の芽生え

園生活のなかには様々なきまりやルールが存在し、それらを守らなければいけないことに対する気づきはあるが、なぜそのきまりが必要なのかという部分については考えが及んでいない時期である。

C

健康な心と体

自分の主張を保育者に認めてもらいたいという気持ちは、自分自身の気持ちを安定させ、充足感をもちたいという心の表れだと思われる。その後の保育者の対応や友達との関係性が、その充足感を満たしていく芽となる。

保育記録の具体事例

友達の意地悪に悩む

　登園後、ユウタは園庭に出て砂場で遊んでいました。親しいナツキが登園してきたのを見つけて駆け寄り、「ナツキくん、一緒に遊ぼうね」と言ったところ、横からサトシがやってきて「ぼくがナツキくんと遊ぶから、ユウタくんは遊んじゃダメ」と言われてしまいました。

　ユウタはそのままひとり遊びをはじめたのですが、ちょっと寂しそうです。ユウタはナツキと遊びたかったので、それにこだわり、その後も他の子どもと遊びませんでした。

　ショックを受けたユウタは、家に帰ってもそのことが頭から離れず、母親に訴えたそうです。園に行けば友達と仲よく遊べると思っていた母親は、びっくりして園に相談に来ました。

STEP 1 子どもの姿　ありのままに記録しよう！

10月18日　ユウタの母親から相談を受ける。

　「家に帰ってくると、『つまんない、つまんない』と言う。理由を聞くと、『ぼくはナツキくんと遊びたいのに、サトシくんがダメだって』と言う。家に帰って、ツトムくんを入れて4人で遊んでいるときに様子を見ると、ユウタが仲間外れにされている。ナツキくんはうちのユウタと遊びたい様子だが、サトシくんに命令されると何も言えないでいる。子どもの様子を見てほしい」ということだった。

10月19日　ナツキとサトシは2人で外で遊んでいるが、ユウタはひとり室内で牛乳パックを利用して何か作っている。「ユウタくん、お友達と遊ばないの？」と聞いてみると、「ユウタ、ひとりがいいの」と言う。

　お弁当のときは、サトシとナツキは他の友達を交えて一緒の机で食べている。

10月20日　登園時、ナツキとユウタが会って「遊ぼうね」と言っているとき、サトシがきて、「ユウタくんダメ。ぼくがナツキくんと遊ぶから」と言い、2人で行ってしまい、ユウタが取り残された。

STEP 2 考察　行動の意味を考えて記録しよう！

　この時期は、**A** 仲間と一緒にいたい、友達と共感し合いたいという気持ちが強い。その思いが自己中心的にもなり、まだ他の友達の気持ちまで思いやることができない時期でもある。と同時に、「最初」や「一番」という順位にこだわり、**B** 少しでも仲間のなかで優位に立ちたいという気持ちが強くなる。その優位さを誇示するために、他の友達を仲間外れにしたり意地悪をしたりして、自己満足する傾向がみられる。

STEP 3 保育者の関わり　環境構成や援助など、具体的に記録しよう！

10月20日のアクシデントのとき、3人を呼び止め、話し合う。

　C 話してみると、サトシも意地悪している自分のことは気づいている。しかし、独占欲と優位さが先に立ち、ユウタの気持ちを思うまでに至っていなかった。保育者は、仲間外れや意地悪をされたときの悲しい気持ちや悔しい気持ちを、ユウタの代弁者として2人に伝えた。

　母親と再度面談し、この時期の子どもの成長発達について話すと同時に、保育者の今後の姿勢として、クラスでこのような心情的な面も話し合っていくことを伝えた。

A

協同性

同年代の友達と関わる楽しさの蓄積から、次第に特定の友達に対する親しみが大きくなる一方で、「ぼく・わたし」の大好きな友達という独占したい気持ちがみられる。自分の気持ちや思いが強く、相手の立場からの思考が難しい。

B

思考力の芽生え

この時期は友達を意識し、少しでも相手より優位に立ちたい気持ちが強く、サトシは、あの手この手を考えてナツキを独占し、ユウタより優位になりたいと必死になっている。頭のなかでいろいろ考え、試行錯誤している。

C

道徳性・規範意識の芽生え

自分の友達に対する行為に、どのような意味があるかは理解していても、友達の思いについては考えが及んでいない。そこで、保育者が仲立ちをすることで、相手の考えや自分とは異なる考えがあることに気づく機会となる。

2 保育記録の具体事例

4 歳児

保育記録の具体事例

4歳児

4期

個人簿

ナオコ
の記録

園庭のブランコでケガをした

　園庭のブランコで子どもたちが遊んでいました。「わたし、こんなことできるよ！」とナオコがブランコから飛び降り、得意技を披露したところ、着地に失敗して立ち上がれなくなってしまいました。大きな声で泣き出したナオコの異常に気づいた友達が、近くにいた保育者に伝えました。

　相談のうえ、近くの外科医院にナオコを連れていくことになりました。その結果、ナオコの左足にヒビが入っていたことがわかりました。

STEP 1　子どもの姿　ありのままに記録しよう！

12月4日　左足下腿骨（外側の骨）にヒビが入る。

　午後1時20分頃、全園児が食後、外に出て遊んでいた。ナオコがブランコの前でうずくまって「足が痛い」と泣いていたのを一緒にいたアケミが見ていて、**A** 近くにいたH先生に伝える。H先生が駆け寄り、様子を聞いたが、ナオコは泣くだけで状況がわからなかった。**A** アケミに聞くと「ナオちゃんがブランコから飛び降りて座っちゃった」と言う。立たせてみると、**B** 「左足が痛い」と言い、歩けなかった。

　担任がH先生より報告を受け、抱いて室内に連れていき、いすに座らせる。左足のすねのところが腫れて、触ると痛がるので骨折かと思い、園長・主任に知らせる。ナオコは痛さで顔をしかめていたが、**B** 少し気持ちが落ち着いたようで、泣き止んだ。

　午後1時35分、相談の結果、担任が近くの〇〇外科医院へおんぶして連れて行く。緊急で診てもらい、触診とレントゲンの結果、左足下腿骨のヒビと診断され、治療を受けギブスをした。全治1か月。連絡を受けた母親が病院に来たので一緒に立ち合う。午後3時に家まで送り届けた。夕方（午後5時30分）に電話を入れると、ナオコは痛みもなく、熱も出ず、穏やかに過ごしているとのことであった。

STEP 2　考察　行動の意味を考えて記録しよう！

　ナオコは飛び降りたときの **B** 痛さで不安定になり、話せない状態であったが、周りが落ち着いて関わったことで、ナオコ自身も安定していった。

　C 友達との関わりが深くなると、仲間のなかでよいところを見せたくなり、ついつい無理した行動を取ってしまうことがある。**B** ナオコも張り切ってやったことが、ケガにつながってしまった。本人はショックだったようだが、診察後、**B** ケガを受け入れていこうとする姿勢が見られたのは、本人自身の成長と思われた。

STEP 3　保育者の関わり　環境構成や援助など、具体的に記録しよう！

　ナオコのケガを聞いた時は、あわててしまった。しかし、園長・主任の指示を受けてから少し落ち着いた。病院では、ナオコの **B** 気持ちを落ち着かせようと自然にふるまい、途中経過を園に電話で知らせ、園長の指示を受けた。母親へは園から連絡してもらい、状況の説明をした。母親の不安な気持ちを察し、あとであらためて電話を入れ、ケガをさせてしまったことを詫びた。

A

言葉による伝え合い

一緒に遊んでいた友達がブランコでケガをするまでの状況を見たままに自分の言葉で表現し説明している。

B

健康な心と体

友達にいいところを見せたくてブランコから飛び降りたが、危険への見通しが十分でなくケガをした。ケガをした当初は、興奮していたが、周囲が落ち着かせる環境を整えたことで、ケガや周囲の状況を意識して自分で気持ちを落ち着かせていった。

C

協同性

友達と遊ぶなかで、楽しい体験を共有することを重ね、ブランコで得意なことを見せ合うという共通の目的をもって自己発揮していた。

保育記録の具体事例

人形劇を観て、友達とペープサートを作って遊ぶ

　子どもたちは、毎学期ごとに園に来てくれる劇団の人形劇が大好きです。今日は2つの人形劇をやってくれました。大喜びで観た子どもたちは、昼食後、さっそくペープサートを作って遊びはじめました。

　みんなが着替えをするところにあるロッカーの高さが舞台にちょうどよく、演じる人の姿を隠してくれます。ロッカーの向こうで、「おむすびころりん」のおにぎりがヒョコヒョコと揺れています。

　ロッカーの前にはいすが並べられ、友達も見に来ました。しかし、演じる方の子どもたちはゲラゲラ笑っているばかりで、観ている人にストーリーが伝わってきません。そこで、保育者が飛び入りしてナレーターになりました。

STEP 1 　子どもの姿　ありのままに記録しよう！

11月20日　午前中、人形劇団の人形劇「おむすびころりん」を観る。お弁当の後、ミドリがおにぎりのペープサートを作り、A 机の隅でコロコロ転がして遊んでいた。

ミドリを中心に、数人（アキ、ハルミ、キョウコ、ナオミ）が、「おむすびころりん」のペープサートを作りはじめる。ひとつ作っては、ロッカーの裏に入り、B 何やらセリフを言っては仲間と笑い転げていた。

11月21日　登園後、ミドリを中心に数人が、C 昨日に続きペープサート作りを行う。途中「みんなに見せる」と言い、ロッカーの前にいすを並べ観客席を作る。ミドリたちはペープサートをはじめるが、B 個々が勝手に楽しんでいるので、観客は何が何だかよくわからないようだ。保育者が飛び入りでナレーターになり、ミドリたちがペープサートを動かす。

11月22日　「先生、今日もやろうよ」と保育者を誘い込み、ミドリたちの C ペープサート劇場がはじまる。他のクラスの子どもたちも見にきた。帰りの集会のとき、「ミドリちゃんたちのペープサートがはじまったけれど、みんなでやってみない？」と保育者がクラス全体に投げかけてみると、「いいよ」「いやだよー」「わたし、シンデレラがいい」など、B いろいろな意見が出てきた。まとまらないうちに降園時間となった。

STEP 2 　考察　行動の意味を考えて記録しよう！

最近、子どもたちは A 身近な出来事に反応し、興味をもったものや自分たちでも遊べると思ったものを、すぐに遊びに取り入れていく。そして、それを B 気の合った友達に伝え、共通のイメージをもって、さらに遊びを発展させていく。しかし、実現していく段階では、個々がそれぞれの C イメージで行うので、なかなかひとつのまとまりになっていかない。さらに、戸惑ったり友達ともめたりすることがある。

STEP 3 　保育者の関わり　環境構成や援助など、具体的に記録しよう！

A 遊びのきっかけや遊びのアイデアは、子どもたち自身がもっているので、その状況をゆっくり観察し、必要な道具を用意してみた。しかし、ペープサート作りは実現はしても C 個々の思いがバラバラなので、なかなか「みんなに見せる」という本来の目的が実現しないところがある。そこで、保育者がまとめ役として、それぞれの場面で手伝っていった。発展がおもしろいので、次週の劇遊びへとつなげていきたい。

A

豊かな感性と表現

人形劇を観て心を動かし、ペープサートを作って友達と一緒に再現して楽しんでいた。保育者は表現活動がよりイメージに近づき友達との関わりが広がるように、材料や場所を提案し環境を整え援助した。

B

言葉による伝え合い

ペープサートを使ってセリフを言い、役になりきる喜びや心地よさを感じている。しかし、個人がそれぞれのイメージで言葉を発するのでひとつのまとまりになっていかない。そこで保育者がナレーターになり、まとめ役となった。

C

協同性

気の合った友達同士で共通のイメージを遊びに取り入れ、発展させた。一方で他児に見せる段階では、自分の思いを一方的に言うことも多く、観客を巻き込むまでには至っていない。
今後は、様々な考えに触れ、相手の思いに気づいていくよう期待する。

2 保育記録の具体事例

4歳児

保育記録の具体事例

4歳児
5期

クラス日誌
子どもたち
の記録

生活発表会で役になりきって喜ぶ子や、照れてふざけてしまう子がいる

　発表会の日。観客（保護者）を前にして、子どもたちはとても張り切っています。赤ずきんたちは舞台へと順調に出ていったのですが、オオカミ役の3人が出てきません。先頭のハルオがしっぽを踏まれて泣きながら舞台に出てきたものの、小道具の草の陰に隠れて動きません。

　猟師役の3人はジャンケンで勝ち取った役だけに、張り切っています。しかし、最後にオオカミをみんなで追いかけるところでは、猟師役のユウスケがふざけてみんなと反対方向に動き、仲よしのケイタもまねをしてしまい、お客さんの笑いを誘いました。あまりにもまとまりがなくなってしまったので、園長先生が幕間に、ふだんの練習の様子を伝えてくれました。

STEP 1　子どもの姿　ありのままに記録しよう!

1月18日　発表会の出し物を A 相談した結果「赤ずきん」に決まる。やりたい役が重なったときは、話し合いをし、ジャンケンで3人ずつにする。自分がしたい役に手をさっと上げる子、友達にくっついて選ぶ子といろいろである。

1月29日　発表会を前に、サトミやユキは「おばあちゃんやお兄ちゃんも来るんだ」と、うれしそうに話している。B この日は、はじめて衣装をつけ、物語の筋に沿って役になりきり、楽しんで劇を行なった。

1月31日　発表会当日、保護者が来ているせいか、子どもたちはとても張り切っている。ところが、練習のときのようにうまくいかず、オオカミ役のハルオがしっぽを踏まれ、泣いて隠れたり、猟師役のユウスケがふざけてみんなと反対方向に動いたり、仲よしのケイタもまねをするなどハプニングが続出し、お客さんの笑いを誘った。保護者に対し、園長がふだんの練習の様子を伝えた。

STEP 2　考察　行動の意味を考えて記録しよう!

　仲間関係が育っているため、友達と一緒の役を選ぶ子がいる反面、かっこよさや自分のイメージで役を選ぶ子もいる。また、絵本で赤ずきんを知っている子どもは、役を選ぶときも A 自分の意志をはっきりと表している。練習時は、衣装をつけることで役になりきり、C みんなの前で演技することの快感を十分意識しているようだ。当日、ふざけてしまったユウスケだが、彼は最近、感情豊かに育ちはじめてきたところである。B 仲よしのケイタとともに D 緊張感が逆に働き、照れが出てふざけてしまったようだ。

STEP 3　保育者の関わり　環境構成や援助など、具体的に記録しよう!

　B ひとつの活動に向けて話し合いができるようになってきているので、出し物や役決めなども子どもたちと相談をした。 A 自己主張が強かったり、仲間同士でもめたりしたが、保育者が仲介役になったり、ジャンケンをしたりしながら、話し合いのルールなどを知らせていった。発表会の後は、例年劇遊びが盛り上がるので、C 舞台や背景、小道具などはそのままにしておく。

　舞台上で泣いてしまったハルオの母親には、あらためて2月の新入園児歓迎会に見に来てもらうように伝える。ユウスケ、ケイタの母親へは、D 情緒が分化しはじめて、照れの感情が表れていることを話し、やはり歓迎会にも来てもらうよう伝えた。

A
自立心
発表会の出し物を自分たちで取り組んでいくことを楽しんでいる。役決めでもめたときも、自分の意思を伝えつつ、劇をやりたいという気持ちがあるのでどうしたら決まるか自分なりに考えを巡らせている。

B
協同性
話し合いの経験を重ねてきて、今回も「劇」という目的を共有するようになってきた。しかし、自分の思いを一方的に言う場合が多く、相手に伝えたり相手の思いに気づいたりするのには保育者の仲介が必要である。

C
豊かな感性と表現
友達と一緒に物語のイメージを共有し、役になりきって劇を行うことで、表現する楽しさや喜びを味わっている。保育者は、発表会後もさらに意欲的に自ら表現できるように環境を整えていく。

D
道徳性・規範意識の芽生え
恥ずかしさや緊張などの情緒が分化し、人前で劇をするのに照れて気持ちのコントロールがきかなくなり、ふざけてしまった。頭では理解しているが実際には気持ちの折り合いがつかず、内面で葛藤している状態である。

保育記録の具体事例

4歳児

5期

個人簿

カズキ
の記録

理屈っぽい言葉を使うようになる

　外遊びの片づけが終わっても姿の見えないカズキ。探すと園庭の小鳥の餌台のところにいます。「部屋に入ろうよ」と促すと、「待って。これ作ってから」と泥だんごを見せます。できたものは大事に箱にしまい、後はそのまま餌台にのせているので「ここに置いたら、鳥さんが来られないよ」と声をかけましたが、「いいの。明日も続きするから。片づけるとわからなくなるよ」と、泥だんごをそのままにしようとしていました。

　やり取りの結果、泥だんごは餌台の下に下ろすことになりましたが、紙に書いた注意書きを箱に貼ってあげると、やっと納得して部屋に戻っていきました。

言葉による伝え合い

へ理屈であっても自分なりの理論を相手に堂々と伝えることができるのは集団での安定感、安心感が育っているからである。一方で保育者は違う見方を提示することで、自己主張だけではなくより広い思考を巡らす機会を作っている。

B

思考力の芽生え

その場を取り繕う言い訳は、状況を判断し適切な言葉を選んで応答する思考力の表れである。保育者は、全否定せずに自己主張や自分で思考する芽をつまないように対応する。

C

協同性

互いに主張し合っても感情的にならず、友達の思いや考えの違いに気づくようになっている。共感し喜び合う楽しさを味わった経験を経て気心が通じ合ってきた。

2 保育記録の具体事例

4歳児

STEP 1　子どもの姿　ありのままに記録しよう！

1月29日　節分に備えて鬼のお面を作っていたとき、カズキは丸めて使うはずの毛糸を5〜6cmに切ってセロハンテープで貼っていた。毛糸は鬼の髪の毛に使うものなので、「髪の毛じゃないの？　丸めなくても大丈夫？」と聞くと、A「いいの。そうしてるんだから」と言い、「もじゃもじゃは嫌いだから、これでいいの」と作業を進める。

2月12日　朝の集まりに遅れてきたカズキは B「ケンゴくんがもっとやろうって言ったから」と、言い訳しながら入ってくる。「みんな待ってたのよ」と声をかけて出席をとろうとすると、リョウコが「先生、ケンゴくんじゃなくてカズキくんが自分で遊んでいたんだよ」と言いにくる。

STEP 2　考察　行動の意味を考えて記録しよう！

保育者に対してだけでなく、友達同士でも理屈っぽいことを言う場面が増えている。B見通しが立ち、知恵もついてきて、A言葉でそれを表出しようとしているひとつの表れだと思う。

また、自己主張が通らないと、自分の立場や優位性を保とうとして次々に主張をくり出してくるようだ。言われた方も、「そうじゃない」と自分の主張をするが、不思議とケンカにならないところは、C友達と遊ぶ経験を十分にしてきたことで気心が通じ合い、共感する喜びや楽しさを味わったからであろう。

STEP 3　保育者の関わり　環境構成や援助など、具体的に記録しよう！

「今、〜しようと思っていたのに」の場合には、「そうか、わかってるのね」とか、「先生、待ってるから大丈夫よ」と、子どもを認めて受容しながら対応した。C仲間同士では、自己主張しながらも、相手の考えを受け入れる幅がでてきた。さらに許容範囲の幅が広がるように、子どもの考えを聞いたり、話し合ったりする時間を設けてみた。

A「こんなことがあったんだけれど、みんななら、どう思う？」と投げかけ、それぞれの意見や思いを聞いたりした。せっかくの自己主張（言葉による表現）や、B思考する芽を摘まないようにしていきたい。

保育記録の具体事例

4歳児
5期

クラス日誌
子どもたち
の記録

年長へのあこがれが強く、進級に期待をもつ

「今日のお弁当は年長さんの部屋で食べます。自分がなりたい年長組の部屋に行っていいですよ」の言葉に、全員「やったー」の歓声が上ります。カズオとヨウコは「ぼくは、海組に行く!」「私は、森組!」と、先週のお別れパーティーで一緒だった年長組の名前を真っ先に挙げました。

「海組さんは、一番大きい組なんだ」とか、「森組のサトミちゃんは、ピアノが上手なんだよ」と、自分が行くつもりのクラスや、お兄さんお姉さんのよさを自慢しています。

お弁当の後、年長組が合奏してくれた姿を見て、さらにあこがれが強まった様子です。

STEP 1 　子どもの姿　ありのままに記録しよう!

3月5日　ケイコは年長組がニワトリの世話をしているとき、A 一緒に鶏舎の中に入って掃除を手伝っていた。　マユミも洗い場のところで水替えを手伝っていた。手伝ったごほうびに A 卵を取らせてもらった2人は、「あったかいんだ」「かわいいんだ」と友達に自慢していた。ケイコとマユミに限らず、年長組のお手伝いをしている姿が、ここのところよく見られる。

3月8日　お弁当のとき、マリエとユカが B「うちのお兄ちゃんは、遠足で○○公園に行ったよ」「うちのお姉ちゃんもプラネタリウムに行ったんだよ」「大きい組になっても同じグループになろう」などと話していた。

3月9日　年長組が楽器で合奏してくれたのを見て C「ぼくたちも何かしてあげよう」という話になる。D クラスのみんなで相談すると「合奏する」「プレゼントをあげる」など、いろいろな意見が出た。そのなかで話し合い、牛乳パックで鉛筆立てを作ってプレゼントすることにした。

STEP 2 　考察　行動の意味を考えて記録しよう!

　お別れ会を兼ねた誕生会の後、年長組が卒園していくということが少しずつ実感となっているようだ。同時に、B 年長組に強いあこがれをもっていたが、具体的な関わりを通して、あらためて年長児のすごさを感じているのだろう。3歳児と比べると年長組になるとこんなことができるようになるということを具体的に理解している。

　また、C「自分はもうできるから早くやってみたい」という自信も言葉に出している。会話を聞いていると、進級への期待感が日増しに高まっていることがわかる。

STEP 3 　保育者の関わり　環境構成や援助など、具体的に記録しよう!

　子どもが進級を話題にしているときなど、「そうね、年長さんになるとプラネタリウムにも行けるね。楽しみだね」など、子どもの期待感に言葉を添えたりした。また、B 年長組の保育者と相談して「お当番引き継ぎ会」を計画し、そこで年長児からも「鶏舎」の鍵や「餌置き場」の鍵を渡してもらったりして、期待を具体的な形にした。

　新入園児の歓迎会の前には、C 小さい友達にどんなことをしてあげようかと自分たちが新入園児だったら何がうれしいか話し合いをもった。

　年長児の卒園まで、交流の場を増やし、ゆったりと過ごせるようにしたい。

A

自然との関わり・生命尊重

年長組と一緒に飼育活動をすることを通して生き物に興味をもつ。世話をするなかで、卵の温かさに気づき、命あるものの不思議さや大切にする気持ちが芽生えてくる。

B

社会生活との関わり

園内で年長組の仕事を知ると同時に、様々な情報を取り入れることで園を支える役割があることを知る。年長組へのあこがれと自分が園のなかで役に立つ存在になることを意識するようになってくる。

C

道徳性・規範意識の芽生え

年長組との具体的な関わりを通して抱いているあこがれの気持ちがある。次に自分が年長組になることを期待すると同時に、年長組としてもし自分が小さい子の立場だったら喜ぶことは何かを考えるようになってきた。

D

協同性

言葉を通して保育者や友達と心を通わせながら、仲間と一緒に活動する楽しさや信頼感を感じている。その仲間と考えを共有しながら、実現に向けて協力しようとしている。

保育記録の具体事例 5歳児

(5歳児の姿)

仲間との協調性が見られ、
思考力や認識力が豊かに育つ時期

体

運動能力や巧緻性が高まり体力がついてくる

身体機能が高まり、指先など末端の操作もコントロールできるようになる。運動機能も巧緻性が高まり、遊具や道具を使って体を動かす。サッカーやドッジボールなど肢体の協応動作も確立しつつあり、複雑な動きができるようになる。体力もつき、遊びが持続するようになり、意欲的に動こうとする。

遊び

友達と思いや考えを伝え合い表現しながら遊ぶ

思ったことや考えたことを豊かに表現して遊ぶ。遊びをイメージしたり予測したりすることができ、より遊びをおもしろくするために考え工夫する。遊びに必要なものを仲間と協力して作り上げたりする。場所や物の特性を知り、それに応じた遊び方を考えたり、組み合わせたりして遊ぶ。自分や友達の考えを伝え合い、ルールを決めて遊ぶ。

言葉・認識

好奇心が高まり思考力が育ちコミュニケーションが豊かに

仲間と会話することで共通のイメージをもちながら遊び、コミュニケーションがより豊かになる。場に応じた挨拶や言葉を使い、筋道を立てて話そうとする。ユーモアがわかり、言葉の楽しさやおもしろさを伝え合ったりする。知的好奇心が高まり探求心や思考力が育ち、物のしくみや事象に関心をもつ。問題解決能力も高まりつつある。

心

自分の気持ちをコントロールできるようになる

悲しいことや困ったこと、悔しいことがあったときに、我慢するなど自分の気持ちをコントロールできるようになる。絵本の内容や悲しいニュースなどに共感し、感情が分化して気持ちが不安定になることもある。友達の気持ちに寄り添ったり、仲間と折り合いをつけたりするようになる。批判する気持ちも出てくるが攻撃するより言葉で伝えるようになる。

人との関わり・社会性

友達同士で認め合い人や社会への興味が広がる

友達同士で認め合い、イメージを共有して遊びや活動を協力して進めていく。仲間といることを楽しみ、話し合ったり考えを伝え合ったりして安心して遊ぶ。他人の役に立つことがうれしく、仲間のひとりとしての自覚が生まれる。相手への許容範囲が広がる。社会のしくみや構成に興味をもち、いろいろな人がいることを知り、理解しようとする。

進級した喜びで積極的になるが、環境の変化に戸惑う

新入園児と手をつないで登園した新年長児。「ここで靴脱ぐんだよ」と、手取り足取り、丁寧にやさしく教えています。

「あぁ、ダメダメこっちだよ」「もう、たいへんなんだから」とうれしそうに手を引いて、保育室の方へ消えていきました。

「ぼくは、お兄ちゃんだから、わからないことがあったら何でも聞いていいよ」と、進んで新入園児の面倒を見たり、保育者に「先生、これ向こうへ持っていくんでしょ。手伝うよ」と、手伝いをしたりすることによって、「年長児」という自覚と誇りをもっているようです。

的確に状況をつかんで、何ともたのもしく見える年長児です。

この時期の
特徴や変化
に注目!!

園生活との関わり

お兄さんお姉さんぶりを発揮する

　5歳児になると、新入時の自分の不安な気持ちを思い出し、新入園児に何をしてあげたらよいかがわかり、行動する。しかし、その一方で、いろいろ教えてあげようと張り切りすぎて自分のやり方を押しつけ、トラブルになることもある。

新しい環境に戸惑いや不安をもつ

　長い時間ではないが、5歳児であっても環境の変化には戸惑いがある。新しい担任に、すぐにはなじめず緊張する子どもがいる。部屋が変わったことは年長児としての誇りでもあるが、一つひとつの変化に少なからず不安を感じ、自分の混乱を隠しきれない子どもがいる。

当番や係の仕事を積極的に行う

　年長になったことで自信がつき、身近で興味をもったことをいろいろと手伝ったり、当番や係の役割について話し合ったりする。

遊びや友達との関わり

誘い合って遊ぶ

　「おうちごっこして遊ぼ」「うん、ここ玄関ね」…、気が合う友達とどちらからともなく誘い合って遊び、その周りに他の友達が集まって遊びが広がっていく。一方、誘う友達がいなかったり、ひとりきりになってしまうと不安になったりして、暗い表情で部屋の隅で落ち込んでいる子どももいる。

自分の思いを伸び伸びと表現する

　卒園児から託された飼育動物の世話を進んでしようとしたり、「こいのぼり、大きいの作って小さい子たちに見せてあげよう」などと提案したりして、積極的に活動する。

　しかし、自分の思いを一方的に押しつけたり、友達の話をしっかり聞かなかったりして友達ともめて、意見の方向がまとまらないことも多い。

何にでも意欲を示し、積極的に行う

「今日は、お当番だから、少し早く行こう」「お当番が終わったら、遊ぶから」と、当番活動が生活の一部となり意欲をもって行うようになってきています。また、園生活の流れを把握し、見通しをもって動いている姿が見られます。

大型積み木で迷路を作っている男の子たち。強引な口調のケイスケに、いつも一緒に遊んでいるリョウタとハルキが不満そうです。友達関係の微妙さも出はじめています。

リン、ユイナたちが、ケーキ屋さんごっこをしています。薄紙、折り紙などを使ってケーキを作ったり、レストランのように紙皿にのせてケーキを運んだり、年少中児を誘って遊んでいます。年長児として、姿も心も自覚をもって過ごしています。

この時期の
特徴や変化
に注目!!

友達との関わり

共通のイメージをもちながら、気の合った友達と遊ぶ

「今日も、○○ごっこする?」「うん、いいよ」「じゃあ、○○ちゃんも呼んでこよう」と、気の合う仲間が声をかけ合ったり、誘い合ったりして遊んでいる。「○○ごっこ」という共通のイメージをもてるようになり、それなりの役割分担もするようになってきている。

誘い合って遊ぶなかで、自分勝手に遊びを進める子どもがいる

共通のイメージで遊びを進めていくなかで、自分の思い通りにしないと気のすまない子どもが出てくる。それに対して「○○ちゃんばっかりで決めて、ずるいよ!」と、直接言う子もいれば、保育者に言いに来る子もいる。

仲間のなかで自己発揮できるようになってきて、自分の思いを伝えたり、不平、不満も言えたりするようになってきている。

友達の遊びに関心をもち、刺激を受けて、自分もしてみようと意欲をもつ

友達の動きに敏感に反応し、「○○ちゃんは、鉄棒がうまいんだよね」「それ、空き箱で作ったの?　かっこいい電車だね」と、友達の様々な能力に興味を示し、「○○ちゃんみたいになりたい」と、自分なりのあこがれをもって意欲的に遊ぶ。

園生活との関わり

自分なりの見通しをもち、生活しようとする

生活の見通しがあり、自分が何をするのか理解して積極的に行動しようとする。また、小鳥の水やりや動植物の世話、昼食時の当番活動などを楽しみながらやろうとする。

やりたい気持ちと、できる力がアンバランス

何にでも積極的に「やる」と取り組むが、実際に行うと先の見通しがもてなかったり、イメージや思いが先に立ってしまったりして、途中で止めたり、諦めたりすることがある。

友達を強く意識し、
そのなかで自分を優位にしようと知恵を働かせる

夏、園庭にも多くの昆虫が姿を見せるようになりました。この日も園庭の隅の草むらで、ユウマら4〜5名が、虫かごを手にしゃがんで虫探しをしています。

ひとりが珍しい虫を見つけました。ショウタが「カナブンだ」と言うと、すかさずユウマが「違うよ、クワガタのメスだよ」と自信ありげに言い、

昆虫論争がはじまりました。「ちっとも知らないくせに」「うちなんか昆虫の本があるんだから、それに出てたもん」「うちのお兄ちゃんに聞いてみろよ」…。

お互いに自分の方が正しいと言い張り、「ケイスケだって知ってるよな！」と、そばにいる友達を自分の味方につけようとします。

この時期の
特徴や変化
に注目!!

どうしたのー？

カナブン
だよ!!

クワガタの
メスだよ!!

友達との関わり

遊びを通して友達と積極的に関わろうとする

気の合う友達同士、自己を主張しながらも共通の遊びを通して積極的に関わる。

友達のなかで自分を優位に見せようと自己主張する

競争することに興味をもって勝ち負けの意味を理解し、勝ったときには優越感を感じている。また、自分の持っているもの（アクセサリーやおもちゃなど）を自慢したり、いばってみせたりする。これらは相手を意識しながら自分が優位に立ちたいという自己主張の表れである。

相手の様子をよく見ている

仲間のことが気になり、相手の遊び方をじっくりと見て、刺激を受けたり話したりするなど、相手を意識した行動をする。

友達とケンカをして自分を正当化しようとする

「相手が○○したから、自分はこうしたんだ」と、自分を正当化する言葉で主張するようになり、お互い譲らず感情をぶつけ合うことがある。

園生活や遊びとの関わり

興味のあるものに知的好奇心が高まる

知的好奇心と思考力の深まりがともに作用するようになり、自分の興味あるものに対して、よく考えたり調べたりするようになる。昆虫博士、乗り物博士などと呼ばれる子が出てくる。

ゲームが盛り上がる

人よりも優位に立ちたいという気持ちが競争意識として出てくるので、ゲームやリレーなどで盛り上がる。

片づけや当番活動などを積極的に行うようになる

片づけの必要性を理解し、集中して行えるようになる。また、当番活動を喜び、積極的に行う。

友達との関わりが深まり、遊びを工夫し、発展させていく

「○○チームこっち、□□チーム向こう」と、園庭では今日もサッカーごっこがはじまっています。自分たちでラインカーを持ち出し、ゴールを作りました。帽子の色分けでチームがわかるようにして、ルールも自分たちなりに決めています。ときどき「トシにパスをつなげ！」など、大人っぽい声が飛んでいます。自分たちなりに遊び方を工夫し、友達と進めていこうとする姿がよく現れています。

一方、部屋の中では、空き箱を利用して、いろいろなゲームを作り、ゲームセンターにしています。入口で入場券を配り、受付の子がお客の年少中児を相手に説明しています。

仲間との関わりが深まり、役割分担をして、さらに小さい組にも遊びを広げていきます。

トシにパスをつなげ"!!

この時期の
特徴や変化
に注目!!

友達との関わり

友達の気持ちがわかり、関係が深まっていく

　気の合う友達とじっくり遊び込み、相手の性格や気持ちを理解し合えるようになってきている。また、自分の気持ちをコントロールできるようになり、相手にわかってもらうことによって、お互いの気持ちの結びつきが深まる。

友達と相談したり、役割を分担したり、協力したりして遊んでいる

　遊びのなかで必要なものを考えたり、より遊びをおもしろくしようと、いろいろなアイデアを出し合ったりし、協力して遊ぶ場面が増えている。

友達の持ち味がわかる

　「○○ちゃんは、かけっこが得意。××くんの絵はすごい。△△ちゃんはやさしい」など、友達の持ち味がわかり、認めることができる。一方、自分のできないことを嘆いたり、落ち込んだりして自信をなくすこともある。

気持ちの行き違いによるケンカが起こる

　自分の思いや考えがうまく相手に伝わらず、相手が勝手に行動したりするとイライラして怒ったり、ケンカしたりすることもある。

園生活や遊び、行事との関わり

行事への取り組みに積極性が見られる

　運動会や遠足、劇遊びなどの行事では、今までの経験から見通しをもち、話し合い、保育者に手伝ってもらいながらも自分たちで進めようとする。

小動物や球根の世話をする

　園で飼育している小動物のかごの掃除をし、世話をする。家から餌を持ってきたりするようにもなる。植えた球根の水やりや水栽培の水替えなどの当番を、責任をもって行う。

興味ある遊びに集中する

　友達とも遊ぶが、自分の興味あるものや好きなもの（絵本・木工・編み物など）には、ひとりでじっくりと集中して取り組む。

社会のしくみに興味をもち、友達と思いを共有しながら、自己を充実させる

リクトとヨウヘイが、郵便が配達されるしくみについて話し合っています。サヤカたちは早くハガキを書きたくてしかたありません。郵便が届く行程をみんなで話し、確認し合いました。

郵便ごっこに必要な集配や仕分け、配達係の3つの係を決め、5グループが一日ずつ交代で行うこと、順番はクジで決めることにしました。

レンとコウタは自分で作った郵便屋さんのかばんを持って、「早く、書いてください」と催促しています。自分たちで決めたクラスの郵便番号をスラスラと書く子、保育者や仲間に確かめにいく子と、それぞれが意欲的に取り組んでいます。ポストは、廊下に置き、違う学年も入れてよいことにしました。

この時期の
特徴や変化
に注目!!

友達との関わり

自分たちで問題を解決しようとする

双方の言い分を聞く仲裁者が現れたり、お互いの意見を納得して取り入れたりしようとする。時折トラブルもあるが、乗り越えていくことできずなを深めている。

友達のよさを見つけ受け入れる

友達の一人ひとりのよさや能力を認めて、「どうしたらできるの、教えて」「それは○○くんが上手だから、見せてもらおう」と、友達の優れた力を認め、学ぼうとする姿が見られる。

目的に向かってみんなで協力する

みんなで具体的に相談したり、工夫したりして、同じイメージで遊びを進めることができる。お互いに認め合うことにより役割分担ができる。力を合わせることで、遊びが豊かになることを感じている。

園生活や遊び、行事との関わり

身近な出来事や自分の考えを整理して話す

語彙が増えるだけでなく、基本的な構文（5W 1H）で話せるようになる。「そして」「それから」という接続詞を使っての保育者の問いかけがなくても筋道立てて話す。また、ひとりで本を読んだり、郵便ごっこで友達に手紙を書いたりする。

強い意欲で主体的に活動に取り組む

「あそこまでできるようになりたい」「そのためにはどうすればいいか」という目的に向かって挑戦する。くり返し取り組む力や落ち着いてじっくり取り組む力、最後までがんばり抜く力など様々な力が強い意欲を支え、次への挑戦へ導いている。

卒園と入学への思いが強くなる

「○○ができるようになったから小学生になれる」という自信、友達や園と別れる寂しさ、「学校行ったら、こんなことしてみたい」という希望、「友達できるかな」という不安など、一人ひとり違う感情が膨らんでいる。

保育記録の具体事例

5歳児
1期

個人簿
ユウト
の記録

年少中児の世話を張り切る

「あっ、年少さんだ」「おいでこっちだよ」「ハイ、靴」と、世話をするユウト。年少児はビックリして立ちつくしています。はいている靴を脱がせて、「これ、はいて」と上履きにはき替えさせたりしています。

何ともがんばっている新年長児。ですが、相手は迷惑そうな様子で、何が何だかわからないままに進んでいるようです。

一生懸命なのですが、自己満足にすぎないのでしょうか…。

STEP 1　子どもの姿　ありのままに記録しよう！

4月17日　新入園児の手伝いをしたユウト。満足そうに「先生、出席ノートのところ A 教えてあげた」と伝えてきた。

4月19日　新入園児たちも少しずつ落ち着き、園生活に慣れてきているが、ユウトはまだ世話をしたがる。だれかれかまわず横から世話をして、嫌がられている。

4月22日　今日は年少児のケンタに逃げられ、それでも追っていった。ケンタに「もういいよ！」と押され、転びそうになっていた。それでも何かしようとしている。

4月24日　ユウトのかばんがロッカーにいい加減に掛かっており、整理棚も片づいていない。B 世話やきに夢中で、自分のことがおろそかになっている。

STEP 2　考察　行動の意味を考えて記録しよう！

　年長児としての B 自覚と期待は十分にあると思われるが、ユウトは一方的で周りから受け入れられていない。A 周りが見えるようになり、手伝おうという気持ちがでてきたわけだが、自分のペースでやってしまい、しかも、自分のことができないでいるにもかかわらず、人の世話ばかりに関心を寄せている。

　彼の行動は、環境の変化に混乱し、B 自分へ注目を引くための行動ともいえるかもしれない。

STEP 3　保育者の関わり　環境構成や援助など、具体的に記録しよう！

　C 人のために役に立とうとしている大切な気持ちを尊重し、新入園児のためにする行動は助長したい。

　年長児としてのユウトの行動をまず認め、保育者が助かったことを伝えた。そのうえで、ユウトの手助けに対し、新入園児がどんな顔をしているかに注目させたり、助けてあげようとしたのにどうして押されたりしたのかなど、C 相手の気持ちにも注意を向けさせ、他人の世話や関わり方について気づくようにした。

　次第に自分と他人との関わり方のバランスがとれた行動へと変わり、落ち着いた生活ができつつある。

A

健康な心と体

年長に進級したユウトは、最年長児になったうれしさから「新入園児の世話をした！」と喜んで、担任に報告している。年長児として園生活に期待をもち、心を働かせ、行動している姿が見られる。

B

自立心

世話をしてあげることに夢中になり、自分の身支度の始末がおろそかになっている。世話をする喜びがある一方、自分の不安から、注意獲得のための行動が見られるので、自分の気持ちをコントロールできるようになると、思いやりや生活の自立につながる。

C

道徳性・規範意識の芽生え

自分のしてあげたい気持ちが膨らみ、一方的であるが、年少児の子どもに寄り添おうとしている。
保育者の助言から、相手の気持ちが理解できるようになると、相手の状況に合わせて行動する自制心が身につくようになる。

保育記録の具体事例

5歳児
1期

クラス日誌
子どもたち
の記録

小動物を慈しんだり、かわいがったりして飼育する

　年中組のとき、小動物（ニワトリや小鳥、ウサギなど）の世話について年長児から申し送りがありました。

　「ここの戸を開けるときには気をつけるんだよ」「だれかここに立って番をするといいよ」などと、丁寧に教えてもらいました。この4月からは自分たちだけでできるようになった喜びで、生き生きと活動している姿が見られます。

　朝は早くからキャベツやニンジンを持ってきたり、途中でハコベを摘んできたりしながら楽しんでいます。

A

言葉による伝え合い

新入園児には、「触ってもいいから気をつけてね」と自分が経験したことや考えたことを言葉を選んで伝えている。

B

自立心

年長組になった自覚と喜びから、昨年見ていたあこがれの飼育当番に主体的に関わろうと楽しんで行っている。また、年長児として「自分たちでできる」「したい」と誇らしい気持ちで、自信をもって行動している。

C

自然との関わり・生命尊重

ウサギやカメは何を食べるかが今までの経験のなかでわかり、自分がどんな世話をするとよいかを考えて行動している。
新入園児には餌を教えたり、扱い方を丁寧に説明したりするなど、小動物へのいたわりの気持ちが育っている。

D

道徳性・規範意識の芽生え

だれが鍵を開けるかトラブルが起きても、よりよくするためにはどうするか、自分たちで話し合い解決していく力が育っている。
友達のなかで「～したい」と主張するだけでなく、役割を決めて分担するとスムーズに行えることを理解して行動している。

STEP 1　子どもの姿　ありのままに記録しよう！

5月第2週　数人の子が職員室に A「鳥小屋の鍵をください」とやって来た。保育者と一緒に餌やりや水の取り換えをする。次の日、また「先生、鍵貸して」と元気にやって来た。「待っててね。今行くから」と声をかけると、 B「先生、大丈夫だよ。ぼくたちでできるから」と言う。 A「任せて！」と自信満々の様子である。

あるときは、新入園児に「あのね、カメね、ほら、この餌を食べるんだよ」 C「両手で持たないと落としちゃうでしょ。触ってもいいから気をつけてね」などと A 一生懸命説明をしている。

「先生、この草、鳥もウサギも食べるよね」と、ハコベを摘んできて聞きに来る。「どこにあったの？」と聞いている子もいる。

鍵を持って行った子どもたちが、何やら騒がしい。行ってみると「いつも鍵を持ってずるい」「今日は、わたしが開ける」「いや、早く来たんだもん」と、だれが鍵を開けるかの主導権争いである。しばらく見ていると D 係を分担して自分たちで解決している。

STEP 2　考察　行動の意味を考えて記録しよう！

まさに年長組になったことへの期待で胸を膨らませ、B 自覚や自信が出てきた生活の姿である。年度末に申し送られた、先輩たちがやっていたことをそのまま受け継ぎながら、B 誇らしく思っているようだ。

D どのように行動したらよいか、また、どんなことが起きるのかなど、見通しもつき、それにはどのような手立てが必要かをクラスの友達と話し合い、解決することができるように育ってきた。これは、前年度年長児たちがやっていたことへのあこがれと、よく観察をするという意欲的な生活があった結果である。

STEP 3　保育者の関わり　環境構成や援助など、具体的に記録しよう！

子どもたちの B「したい」という意欲を受けて、動物の世話を子どもたちに任せてみた。保育者が信頼し、見守っているという姿を見せると、いっそう責任感をもち、C 小動物への関心と生き物を慈しみ大切にするという気持ちが育っていくのであろう。自主的で積極的な姿が、一時的な興味関心に終わらないように世話のしかたを少しずつ変化させ（野菜やパンの耳を切ったりする活動を増やす）、興味が長続きするように気をつけ、見守るようにする。

保育記録の具体事例

友達のなかに入らず、ひとりの遊びを好む

反発をしているのでもなく、ケンカをしているのでもなく、いじけているのでもないが、近頃ひとりでいることが目立つカズキ。

ひとりで絵本を開いて見たり、じっくり絵を描いていたり、落ち着いた生活を送っているように見えます。

保育者が声をかけると「今、絵を描いてるんだよ。先生、見て」と笑顔で応えます。

STEP 1　子どもの姿　ありのままに記録しよう！

4月15日　他の子は外で元気に遊んでいるのに、カズキだけが保育室にいる。ひとり机に向かって A 黙々と絵を描いている。「みんなと一緒に遊ぼう」と声をかけたが、A 「今、絵を描いてるんだよ。先生、見て」と笑顔で応える。

4月18日　今日は外に出ているが、みんなとサッカーをするでもなく、B 園庭を回りながらニワトリを眺めたり、隅の方の石をひっくり返し、ダンゴムシで遊んだりしている。

4月20日　自由な遊びになると静かに絵本を開き、じっくりと見入っている。特別、園が嫌という様子はない。友達とケンカしたわけでもない。友達と一緒に遊んではいないが、C とても落ち着いていて、ひとりでじっくり遊ぶことを楽しんでいるようだ。

4月22日　こいのぼりの製作をしたとき、D 友達と力を合わせ、絵の具を使ったり、「ああしよう」「こうしたほうがいい」などと会話したり、楽しそうに参加している。

STEP 2　考察　行動の意味を考えて記録しよう！

　C 期待に胸膨らませ、新学期を迎えたなかで、カズキも他の進級児と一緒で、C 新入園児に関わりうれしそうにしていた。

　進級当初は、小さい子の世話をすることで過ごし、なんとか新入園児も落ち着いてきた今、自分のやりたいことがはっきり表現できるようになって、自分を取り戻しているような姿なのではないだろうか。

STEP 3　保育者の関わり　環境構成や援助など、具体的に記録しよう！

　ひとりでいるという行動について、前任者と話し合う。

　以前は C 友達ともよく遊び、自己発揮も十分であったことがわかり、安心する。今は、一時的にひとりで集中したいことがあるようだ。

　カズキが絵を描いているところへ「入れて。座ってもいい?」などと、そばに座って話を聞いたり、「みんな外でサッカーしてるんだけど一緒にする?」と遊びに誘ったりした。また、今、何がしたいのかをまず確認し、無理やり保育者の思う方向に引っ張らず、様子を見ながら見守っていった。

　このような関わりをしているうちに、落ち着きを取り戻す時間がもてたようで、自主的に D 友達と共同で積み木の作品を作ったり鬼ごっこをしたりと、友達のなかに入っていくようになった。

"10の姿"の視点から

A

豊かな感性と表現

黙々と夢中になり、自分のイメージしたことや描きたいことをはっきりもって取り組んでいる。「先生、見て」と自慢げに見せている。

B

自然との関わり・生命尊重

自ら外へ向かい、飼育物を観察したりダンゴムシを捕まえたりと小動物への関心がある。園庭の隅の石をひっくり返したのは、ダンゴムシのいるところや特性を知っていることがうかがえる。関わりながら、生態や特性を学んでいる。

C

健康な心と体

ひとりで遊んでいるが、絵を描く、絵本を読むなど自分でしたいことをしっかりもって取り組み、充実感をもって遊んでいる。
また、進級を喜び、年少児の世話をするゆとりや思いやりが行動として表れている。

D

協同性

クラス活動のなかで、友達とこいのぼりを作るという共通の目的があると、アイデアや意見を出しながら活動を進めている。

2　保育記録の具体事例

5歳児

153

保育記録の具体事例

友達関係がうまくいかず、登園をしぶる

5歳児

2期

個人簿

アヤカ
の記録

　アヤカは、今日も浮かない顔で登園してきました。このところ、1週間に3〜4日は、朝になると「お腹が痛くなった」「行きたくない」「つまらない」を口にするようになったと、母親から電話がかかってきています。

　朝の身支度を済ませた後、アヤカは絵本コーナーに行って、何か1冊、読んでいます。何となく、時間をつぶしている様子です。そばにはチエコやエミもいて、絵本を読んだり、会話をしたりしていますが、しばらくすると保育室のテーブルに自由画帳を出してきて、絵を描きはじめました。

STEP 1　子どもの姿　ありのままに記録しよう！

6月6日　昨日は、欠席した。今日は、_Aしぶしぶといった様子ではあったが、登園してきた。園では、一日中、何となくひとりで過ごしていた。他の子どもが誘っても気のない返事をして、あまり行こうとはしない。

　年長組になって1か月くらいは、_B年中組からの顔見知りの子どもたちと行動をともにしていることが多かった。しかし、_C年中組のときにいつも一緒だったユウカが別のクラスになったことから、どことなく、不安定な様子が見受けられた。ときどき、ユウカを探してみたり、遠くからユウカが遊んでいるのをぼんやり見ていたりする。

STEP 2　考察　行動の意味を考えて記録しよう！

　アヤカにとって、年長組になり、新しいクラスになったことは、仲よしだったユウカとの別れでもあった。_Aその寂しさと、新学期の混乱が重なり、5月後半頃から、不安がはっきり出はじめたのであろう。アヤカはそれでも、はじめは_B一生懸命に新たな友達関係を作ろうとしていたように思われる。アヤカとユウカとの関係は、ユウカがリードし、アヤカが従うということが多かった。新しいクラスのなかで、ユウカのように_C依存できる友達が見つからないことで、不安定さが増したのであろう。

STEP 3　保育者の関わり　環境構成や援助など、具体的に記録しよう！

　心の不安定さを落ち着かせるためには、まず_A依存できる場と人が必要なので、保育者が自然な形で、できるだけそばにいるようにした。何かと声をかけ、用事や手伝いを頼んだり、他の子どもも誘って一緒に遊んだりし、アヤカを認める言葉をかけるようにしていった。それにより、_B周りの子どもたちに、アヤカの存在が意識されるように意図したのである。同時に、小グループを作り、アヤカのグループには、_Bアヤカと性格が似ている子どもたちを集めた。アヤカは友達に依存するタイプで、言われたままに動くことが多い。_B穏やかで協調性はあるが、_C自分からの働きかけが少なく、周りからの働きかけを待っていることがある。そして、その働きかけがないと、ひとり遊びをして不安になるようなので、このグループ編成によって、_Bアヤカの能動性を刺激したいと考えた。

　母親とも連絡を取りながら、アヤカが自ら働きかけられるようになっていくよう援助していきたい。

A

健康な心と体

親しかった友達と離れたことや身近に友達がいないことに気づき、寂しさや悲しさが大きくなった状態だと思われる。
心の成長の過程で生じた不安感とみて、保育者のサポートにより変化していくと思われる。

B

協同性

親しい友達と関わり、依存することで、気持ちが安定していた状態がくずれていったのであろう。
友達と関わりたいという心の動きがあるので、保育者の援助により、小グループのなかで思いや考えを伝え合えるように配慮し、気持ちの安定を図りたい。

C

自立心

成長の過程での不安感から自信をなくしているのだろう。しかし、その気持ちの元には自分を意識している状態があるので、保育者のサポートにより乗り越えた後には、自立が見られるであろう。

5歳児

2期

クラス日誌

子どもたち
の記録

物のしくみに興味や関心をもち、知ろうとする気持ちが強くなる

　ソウタが、壊れた置き時計を持ってきました。数人の子どもたちが、その周りに集まってきて、ネジや針の部分を見たり触ったりしています。リサが昨日持ってきた、壊れたおもちゃのグランドピアノのふたの部分を開けて、4〜5人で中がどうなっているかを見たり触ったりする姿も見られます。

　つい1週間ほど前から、「中のしくみ」はどうなっているのだろうという遊びがはやりはじめています。家から持ってこられる子どもは、いろいろ持ってきて試したりして、興味津々です。

　「自動販売機の中、見たことあるよ」「駅の改札口のところ修理していて、切符が通るのを見たんだよ」と、保育者や友達に得意そうに話しています。

STEP **1** 子どもの姿 ありのままに記録しよう!

6月8日 「時の記念日」にちなんで、時計屋さんに時計を見に行く。いろいろな時計の前で、A「あっ、知ってる」「家にもある」「鳩時計だね」「オルゴール時計」…と、知っていることや感想を言い合う。

6月9日 空き箱やモール、いろいろな紙で、B朝から自分たちがイメージしたいろいろな時計作りをする。

6月10日 C腕時計や柱時計、置き時計と、いろいろできあがったので、時計屋さんごっこをして小さい組を呼ぼうということになる。すると、看板作りコーナーから、修理コーナーまでできあがる。

6月11日～6月19日 時計屋さんごっこが一段落した頃から、修理屋さんが発展した結果、D「中のしくみ」はどうなっているかということが話題にのぼり、興味津々になっていった。

STEP **2** 考察 行動の意味を考えて記録しよう!

1学期も半ばになり、友達との関わりも安定してきたようだ。C遊びも2～3人よりも5～6人で行動することが多くなっている。

D物のしくみへの興味関心も高まってきており、Aひとりの子どもの発言や行動から仲間に興味が広がり、流行し、それをまた一緒に楽しむという傾向が見られる。C個々の動きから、集団としての意識が出はじめてきたといえるであろう。D知的な興味関心から本物のドライバーを使って時計の分解をしてみたいという関心が高まっているようだ。

STEP **3** 保育者の関わり 環境構成や援助など、具体的に記録しよう!

この時期は、個の興味や活動が、グループやクラス全体の流れに影響しやすくなってくるので、保育者も子どもと同じ視点に立ち、D物のしくみに驚いたり、感心したりして、間接的な雰囲気作りを進めてみた。

直接的には、家の中や身近な生活環境を見つめ直すと、さらに様々な発見があることを知らせた。また、家の人が許可してくれたD時計やその他の機械類を園に持ってきて、みんなで中身を見たりすることを提案した。この機会に「体のしくみ」や物の発明、工夫についての話なども、わかりやすくしていけたらと考えている。

A

言葉による伝え合い

みんなで時計屋に行き、時計について自身が知っていることや感じたことを言葉で伝え合っている。遊びのなかで、物の中身についての他児の発言を、関心をもって聞き、互いに楽しみながら興味を膨らませている。

B

豊かな感性と表現

日々の遊びのなかで興味をもった時計について、イメージを膨らませている。そして、様々な素材の特徴を生かしながら時計を表現している。

C

協同性

様々な時計ができあがると、時計屋さんごっこをして小さい組を呼ぼうということになり、みんなが共通の目的をもち、その実現に向けてともに考えるようになった。看板作りのコーナーや修理コーナーを作り、充実感をもって活動している。

D

思考力の芽生え

機械類の中を見たり壊れた時計のネジや針を触ったりすること、また時計の修理屋さんが登場する遊びのなかで、物のしくみに興味をもち、友達と話をしている。これらの活動は、子どもの好奇心を育み、様々なことを考えるようになることにつながっている。

5歳児

2期

個人簿

タツヤ
の記録

絵や造形の出来、不出来を気にする

タツヤは、画用紙を前にして何も描こうとしません。

昨日、園で動物園に行ってきたので、今日はクラスで動物園を作ろうということになりました。思い思いに、好きな動物を好きなように描いて、はさみで切り抜き、壁に貼っているところです。

タツヤは、周りの友達が描いているのをじーっと見ては、ため息をつかんばかりにしていましたが、それでも画用紙の左側の空白に灰色のクレヨンでゾウを描きはじめました。小さめです。背中を描いて、耳や鼻を描いている途中で止めてしまっています。みんなみたいに上手に描けない…と、ずいぶん気にしているようです。

STEP 1　子どもの姿　ありのままに記録しよう!

6月9日　タツヤの友達のリョウヘイが、空き箱と割りばし、ストローなどで車作りをしていると、タツヤもそばでじっと見たり、「かっこいいなぁ」と言ったりしているが、自分ではやろうとしない。リョウヘイが「タツヤくんも作ってみな。一緒に走らせようぜ」と誘うが、_A「ぼくは作らない。だって、リョウヘイくんみたいに作れないよ」と言う。

6月11日　動物園の絵を描く。一人ひとりの子どもたちが楽しんで、ひとりでいくつも描いては切り抜き、壁の大きな紙に貼っていくなか、タツヤは小さいゾウをやっとひとつ描いて切り抜き、大きな紙の隅の方に貼った。続けて描く様子はなく、友達の絵を見回している。

STEP 2　考察　行動の意味を考えて記録しよう!

　年長組になり、急に周囲の子どもの能力が見えてきた時期なのであろう。そのため、タツヤは絵を描くときや物を作るときになると、「ぼく、苦手だなぁ」とか、「○○ちゃんは上手だな、描いてもらいたい」と思う気持ちが膨れ上がっているようだ。タツヤのつぶやきからしても、_A周りが見えてきた分、実際以上に自分を過小評価している傾向があり、「下手だ。ダメだ。描けない。できない」と自信を失っている。また、_A「年長なんだから」と、自分を「立派な」枠にはめようとする生真面目さも絵画の出来、不出来を気にすることに関連しているのかもしれない。

STEP 3　保育者の関わり　環境構成や援助など、具体的に記録しよう!

　タツヤの自信を回復するために、タツヤの得意とすることを自他ともに再確認する機会を設けた。例えば、_Bタツヤは根気強い。ボール遊びのドリブルが上手である。したがって、全員でドリブル競争などをしてトーナメント式にし、タツヤへの熱い応援合戦をした。

　また、「立派にしなければ」という意識の枠を外すため、いくつかの試みをした。例えば、絵では、_C自由連想絵画を取り入れ、画用紙にある曲線を描き、それを発展画にしてみた。_Dいずれにせよ、タツヤが自分自身で、自分の行動の枠を狭めていかないよう、タツヤにはもっと別のよさがあることを知らせていきたい。

"10の姿"の視点から

A

思考力の芽生え

周囲の子どもの能力に気づくようになり、自分の能力と比較しながら思いを巡らせている。見てきた動物を思うように描けないギャップに、自分がイメージする年長児の姿と、現状が異なるのではないかと自身を過小評価している。

B

健康な心と体

タツヤは根気強く、体を動かすボール遊びにおいては、ドリブルを得意とするなど、健康面での育ちが見られる。ドリブル競争で、他児からの熱い声援を浴びたことは、自分のよいところに気づくことにつながる。

C

豊かな感性と表現

画用紙に曲線を描き、それを発展画にする自由連想絵画を行うことは、描くことの多様性を知り、絵画に興味をもつきっかけになる可能性がある。

D

自立心

タツヤが自分自身の行動の枠を狭めないように援助することは、タツヤが諦めずに様々なことに対して主体的に取り組むような自立心を育むことにつながる。

5歳児 **3期**	# 勝負の勝ちや一番にこだわる

個人簿
ショウゴ の記録

　園庭で男の子たちがサッカーをはじめています。自分たちでチーム分けをし、ポジションの役割も決めています。どうやらヒロシがリーダーになりまとめているようです。

　しばらくするとショウゴが怒りをあらわにし、「おれがゴールしたんだよ！」と怒鳴っています。ゴールキーパーのヨシトが「入ってないよ。ぼくがセーブした」と言っています。ショウゴはヨシトを突き飛ばしました。周りの子がショウゴを責めると、突然切れたように、「もう知らないよ！　なんだよ！」とそこから離れて、足元の砂を思い切りけって行ってしまいました。みんな困って遊びは中断し、ヒロシは「ショウゴ、いつもそうなんだよ」とつぶやいています。

STEP 1　子どもの姿　ありのままに記録しよう！

7月6日　子どもたちは、毎朝登園すると A 友達を誘い合いサッカーをしに園庭に飛び出していく。今日も自分たちで遊びを進めていたが、途中で険悪な雰囲気になる。様子を見ているとショウゴがヨシトを突き飛ばし、ヨシトは泣きそうになりながらも B 「ゴールしてないよ！ ぼくがセーブしたもの」と言い、周りも「そうだよ」と言っている。ショウゴは、納得せず怒りをあらわにしていた。日頃のショウゴは一番にこだわり、かけっこをやって負けると怒りをあらわにする。保育者が「今度頑張って一番になればいいでしょ」と説得しても、「絶対ヤダ！」と言って気持ちの切り替えができないでいる。

STEP 2　考察　行動の意味を考えて記録しよう！

　この時期の子どもは多くの子が勝ち負けにこだわり、勝つためにいろいろ考えたり工夫したりし、達成感を得ると喜んだりする。C 勝つとうれしく負けると悔しい思いをしながら、葛藤して気持ちをコントロールするようになる。 しかしショウゴの場合は、B 勝つことがよいことで、負けるのは悪いこととかダメという考えをする。そのため勝ちや一番にこだわり、C 負けると自分を否定されたと思ってしまい、相手に手が出たり暴言を吐いたりして、自分を必死に守ろうとしているのではないか。一見勝ちにこだわり強気に見えるが、もしかすると自分に自信がないのかもしれない。

STEP 3　保育者の関わり　環境構成や援助など、具体的に記録しよう！

　この場では、まずショウゴのそばに行き「ゴールしたのに、みんなに入っていない、と言われて B 悔しかったんだね」と気持ちに共感した。「うん」と言って少し落ち着く。「ショウちゃんは、サッカーが好きで、けるのが上手だね。どうして上手なの?」と聞くと「だっていつも練習してるから」と言う。「それは頑張っていることだね。そういうショウちゃん、先生はすごいと思う」と、努力を認めた。C ゴールしたことや一番になったことを認めるのではなく、練習していることや、頑張っていることを認めた。

　今後は、ショウゴのよさを引き出し、手伝っていることや丁寧にやっていることなどを、褒めて認めていきたい。

　また、クラスのなかで、ショウゴのよさや頑張ったことを伝え、友達もショウゴのよさを見つけ出せるようにしていき、ショウゴの自己肯定感を高めていきたい。

A

健康な心と体

友達を誘い、自分たちの好きなサッカーで体を動かしたり、役割を決めたりして、見通しをもち、遊びを進めている。しかし遊びのなかで折り合いをつけられないと、トラブルになったり、感情を爆発させたりして、互いに居心地の悪さを感じてしまう。

B

道徳性・規範意識の芽生え

友達とサッカーをやっているなかで、互いにルールを了解して進めているが、ゴールにこだわり自分の主張を通そうとしている。そのためにトラブルとなり、自分の気持ちを調整できず、友達に手が出てしまう。自分自身ではコントロールできずにいるので、保育者が友達との関わり方を調整していけるよう援助する。

C

自立心

子どもは、友達のなかで競争したり比較したりしながら、うれしさや悔しさを感じ、自分の気持ちをコントロールしていく。しかし、自分のなかで、勝ちや一番になることにこだわり、負けると否定されたと思い、自分の気持ちを守ろうとしてトラブルが多くなる。自分への肯定感がなく、自信に欠ける。この場合は保育者が関わり、ショウゴを認めながら自信がもてるよう自立心を育てていく。

5歳児

3期

クラス日誌

子どもたち
の記録

人の話を聞かず、自分の考えを主張する

　「私は、ウサギがいい！」と、サチコが言います。「私も！」と、女の子たち。「だめだよ、ぜったいにロケット」と、ケイスケが主張しグループの名前決めでもめています。

　周りのグループは話し合いがつき、グループのマークを作っていますが、ケイスケのグループはケイスケが自分の考えを主張して反対しているため、なかなか決まりません。互いに「いい」「やだ」のくり返しで先へ進まないようです。

　このように、何かみんなで考え決めていくときに、ケイスケは人の話を聞くよりも自分の意見を強く主張してしまいがちです。

STEP 1 子どもの姿　ありのままに記録しよう!

9月8日　_A新しく席替えをした。6人のグループを作り、名前をそれぞれのグループで
考えることになり、話し合いがはじまった。

　他のグループでは名前が決まっていくなか、ケイスケのいる男3人、女3人のグループがなかなか決まらない。話を聞いてみると、女の子がウサギグループ、男の子がロケットグループがいいということで2つに分かれている。

　保育者が助け舟を出し、女の子に「では、どうしてその名前がいいのか、他の人に話してみて」と尋ねてみた。しかし、_Bケイスケは人の話の途中にも「絶対いやだ!」と言い張って聞こうとせず、自分の意見を一方的に主張する。

STEP 2 考察　行動の意味を考えて記録しよう!

　年長になれば、自分の言い分を一方的に押しつけるような自己主張は少なくなる。相手との関係をうまく保ちながら、_Cいかに自分の主張を相手に受け入れてもらえるか、知恵を働かせるようになる。

　しかし、_Bケイスケの場合、みんなのなかで主導権を取りたいという欲求が強いので、相手の気持ちになることがなかなかできない。

　また、ロケットグループという、自分が考え出した名前に決めたいという強い思いがあり、そのことが彼の気持ちを支配しているようだ。

STEP 3 保育者の関わり　環境構成や援助など、具体的に記録しよう!

　ケイスケの行動は、彼にとっても周りの子どもたちにとっても、人との関係を学習していくよい機会だと考える。

　あらためてケイスケの意見を聞いてみると_C「ロケットはかっこいいから、この名前をつけたい」と言う。「いい考えね」とまずは共感し、否定するのではなく、ケイスケの思いを受け入れた。また、_C「女の子はどんな考え?」と聞き、話し合いが進むように関わった。

　_B途中、ケイスケが人の話を聞かずにさえぎったりした場合は、話し合いのルールとして、それがいけないことであるときちっと伝えるようにした。そして、言葉にできない部分を　_A保育者が代弁しながら、みんなでどうしたらよいかを考えてみた。

A

言葉による
伝え合い

グループみんなで考え、それぞれが考えを伝え合いながら、グループ名の相談を行っている。相談が先に進まないときは、子どもたちをつなぐ役割を担う保育者の存在も必要となっている。

B

道徳性・規範
意識の芽生え

友達と様々な経験を重ねることにより、相手の立場に立ってものを考えたり自分の気持ちを調整して友達と折り合いをつけたりすることができるようになるが、ときには一方的に自己主張する場面もある。みんなで話し合うなどの経験を、さらに積み重ね、自己調整力を育んでいく。

C

思考力の芽生え

自分の考えを主張しながらも相手の思いや考えに触れ、どうしたら自分の考えを受け入れてもらえるか、知恵を働かせる。保育者が個々の子どもの考えや思いを聞き出し、相手の考えに気づくよう仲介することで、様々な考えがあることに気づく。

2
保育記録の
具体事例

5歳児

 保育記録の具体事例

5歳児
3期

個人簿
エイト
の記録

友達を意識し、
自分が優位になることを喜ぶ

　9月に入り、運動会の導入として、朝、保育者が園庭に白線で大きな円を描いておきました。

　昨年の年長児のリレーをあこがれの目で見ていた子どもたちが、さっそく自分たちでリレーごっこをはじめています。走る順番を決めたりルールを考えたり応援したりしていますが、トラブルも見られます。それでも、回数を重ねるうちに、子どもたちの意識も高まって、リレー遊びが盛り上がってきました。

STEP 1 子どもの姿　ありのままに記録しよう！

9月18日　リレーごっこをしているとき、エイトがヨシオを抜く。バトンを渡した後、

A 「先生、ぼくヨシオくん抜いちゃった」と、自慢げに話す。

　その後、お弁当のときにも友達に「ぼく、ヨシオくん抜いた」と、自分の武勇伝を話している。

9月21日　エイトは他のクラスのリレーの応援をしていた。エイトは、そのクラスの担任に「おれ、本当は（今走っている） B リョウタより速く走れるよ！」と、話していた。

STEP 2 考察　行動の意味を考えて記録しよう！

　エイトは、 C ふだんから走ることが大好き。はじめの頃は、ただ走ること自体を楽しんでいたが、最近では A 友達と競争をして勝つことが楽しくなってきたようである。

　同じ勝ちでも、相手が年中児や足の遅い子では少し物足りなくなってきたのだろう。そのために、エイトと同じように足の速いヨシオを抜いたことが特にうれしかったようだ。これは、 A 相手の力を客観的に捉えられ、強い相手に走って勝つことで、エイト自身、自信がついてきた表れでもある。その後、その他の遊びや生活でも意欲が高まってきた。

　この時期、人よりも優位に立ちたいという気持ちが強くなるが、それがエイトの場合、 C リレーという自分の得意な遊びのなかで花開いたといえるだろう。

STEP 3 保育者の関わり　環境構成や援助など、具体的に記録しよう！

　エイトが、自分と同じように走るのが得意なヨシオを意識して、その子に勝ったという喜びを得たとき、保育者が一緒に共感した。

　また、相手が B 何に優れているかを見抜く目が育ってきたことにも驚かされた。ここにエイトの成長が見えたといえる。

　しかし、優位に立ちたいという思いは、「自分さえよければ」という独りよがりの排他的な気持ちにつながる場合があるので、 D 負けたときの相手の悔しさなどにも気づくような配慮も忘れないようにしていきたい。

A

自立心

友達の走りを意識し、それに勝った自分の力がうれしく、満足感と達成感にあふれている。リレーというゲームのなかで、友達と自分を客観的に捉え、勝ったことが自信につながっていく。

B

思考力の芽生え

自分と友達との走りを比較し、速さの違いに気づき、客観的な判断をするようになった。そのことに気づき、勝ったことに喜びを感じ、自分の思いに自信がもてるようになる。

C

健康な心と体

走ることが楽しく、思い切り体を動かし、それがリレーに勝ったという結果につながった。自分の体の充実感と心の満足感で心と体の一体感を味わっている。

D

道徳性・規範意識の芽生え

友達と一緒にリレーごっこをするなかで、ルールを守ったり、順番を決めたりしていきながら、自分の勝ちを喜ぶばかりでなく、相手の悔しさにも気づいていけるようになる。

保育記録の具体事例

5歳児

4期

個人簿

ケイコ
の記録

友達との優劣の差を感じ、悩む

　ケイコがひとりで鉄棒をしています。日頃、3人組のリーダー格で、いつもアヤとユミを連れて遊んでいるのに、ここ数日は、怒ったような顔でひとりで鉄棒をしていました。その気迫に満ちた様子のせいか、アヤもユミも近づけないようで、ちょっと離れて見ています。

　ケイコに聞いてみると、「ユミちゃんたちは鉄棒ができるのをいばるから！」と言います。今まで何でも優位に立っていたケイコにとって、友達に自分よりできるものがあるということは、プライドが傷ついたように感じ、素直に褒められないようです。そして、自分も鉄棒がうまくなり、アヤとユミにそれを示したいと、ひそかに練習していたようです。

STEP 1 　子どもの姿　ありのままに記録しよう！

10月25日　ケイコが日頃仲よしのアヤやユミと最近遊ばなくなった。ユミたちに聞くと、「ケイちゃん怒ってるんだもん」と言う。ユミたちもケイコが一緒に遊ばなくなった理由がわからないようなので、直接ケイコに聞いてみると、A「だって、ユミちゃんたちいばるの。自分が鉄棒できると思って！」と言う。そういえば、1週間くらい前から、ケイコがひとりで鉄棒をしているのを見かけた。本人はいたく気持ちが傷ついているようで暗い表情であった。

STEP 2 　考察　行動の意味を考えて記録しよう！

この頃、子どもたちが「コウタは、サッカーがうまいんだ」「やさしいのは、ミキちゃん」「おしゃべりは、ハルキくん」などと言い合っている。

B友達の個性や特徴、そして特技などを捉え、結構、的を得た評価をするようになってきた。相手を見る視点が的確になり、相手を認めるようにもなってきたからであろう。と同時に、自分の力も見えてきて、友達との優劣の差を気にするようになる。そのために、優位なことがわかると、いばってみたり誇ってみたりする一方、相手よりも劣っているものがあると、悔しがったり落ち込んでしまったりする様子が見られるようになった。ケイコは、日頃負けず嫌いで、アヤやユミのリーダーになりたがり、遊びもリードしていた。しかし、ケイコにはできなかった逆上がりができるようになったユミが、少し優越感をもったために、ケイコのプライドが傷ついたようだ。そして、C自分も逆上がりができるようになりたいと、ひとりで鉄棒の練習をし、ユミたちと遊ばないようにしていたようだ。

STEP 3 　保育者の関わり　環境構成や援助など、具体的に記録しよう！

まずケイコと2人で話をし、ケイコに共感して一緒に悔しがってみた。それから鉄棒の練習に立ち合い、そこにアヤやユミも引き入れるようにした。みんな一緒に手を貸しているうちに、ケイコも逆上がりができるようになった。D「ケイちゃん、できるようになってよかったね」と言うアヤの言葉を受けて、「友達が喜んでくれるとうれしいね」と言ってみた。この言葉でケイコもほっとしたようだった。

優劣の差を認めたとき、それを競争すべきこととして捉えるのではなく、相手の優れた点を認め、評価できるようになってほしいと思う。

A

健康な心と体

今までは自分の思い通りにことを進めていたが、うまくいかなかった現状を悔しいと思う一方で目標を定め、挑戦している過程にある。つぶやきの裏に心の葛藤と自己内対話がある。

B

思考力の芽生え

自分と友達を比較したり、友達と友達を比較したりするなかで、人それぞれの違いや得意、不得意があることに気づいてきた。人それぞれに、キャラクターがあることに気づく。

C

自立心

友達へのライバル意識のなかにもあこがれもあり、何とか自分も逆上がりができるようになりたい、という思いがある。

D

言葉による伝え合い

自分が相手を認める言葉を出せなかったケイコが、友達に援助してもらい鉄棒ができるようになった。それを「よかったね」と言葉で伝えてもらったこと、「友達が喜んでくれるとうれしいね」と言葉で共感してもらえたことがケイコの心に伝わった。

5歳児
4期

クラス日誌
子どもたち
の記録

友達と話し合ったり、考えたりして行動を進めていく

「先生、懐中電灯貸して!」と、シゲルがやってきました。懐中電灯を渡し、部屋をのぞいてみると、カーテンを閉め暗くしたなかで、段ボール箱の間から光がチラチラと見えました。なにやらおもしろそうな遊びがはじまっています。周りで女の子が「おばけ! おばけ!」と声をあげ、キャーキャー騒いでいます。

翌日、「ぼくにも懐中電灯貸して!」と、サトシやユウタもやってきました。今度は、懐中電灯を顔の下で照らしながら、巧技台の箱の中から出てきたりしています。女の子のキャーキャー騒ぐ声もエスカレート。

そんな遊びが発展し、とうとう大がかりなお化け屋敷を作り、作品展で小さい組の子や保護者の方に見せようということになりました。

STEP 1　子どもの姿　ありのままに記録しよう！

11月10日　シゲルたちが A懐中電灯を使い、部屋を暗くしてお化けごっこをはじめた。女の子たちはそばでキャーキャー騒ぎながら遊んでいる。

11月11日　昨日と同じようにシゲルたちが遊んでいると、サトシやコウタも参加し、懐中電灯を持ち、お化けごっこをはじめていた。女の子たちが近づくと、箱の中から出たり入ったりして脅かしていた。

11月14日　クラスのほとんどの子どもたちが、お化けごっこに参加しはじめた。A自分たちで考え、必要と思われる材料（布や画用紙など）を要求してきて、さらに遊びが盛り上がってきた。

　帰りの集会のとき、「年長みんなで、お化け屋敷ごっこをしましょうか」と提案した。Bみんなが大賛成し、いろいろな意見を出し合っているうちに、お化けを作ったり入場券も作ったりして、小さい組の友達を招待しようということになった。

STEP 2　考察　行動の意味を考えて記録しよう！

　2学期後半になると、仲間との関係が深まり、落ち着いて遊べるようになってきた。今回の遊びも、はじめはシゲルを中心とした数人が、ブロックや段ボールを使って、基地遊びをしていたのがきっかけだった。C友達の発想や考えに刺激され、さらに自分の思いを伝え合いながらお化け屋敷ごっこに発展させていった。

　さらに、Aこのようにしていくと（入場券作りや年少中児の招待）、遊びがおもしろくなるという見通しがもてるようになったため、先への期待感も膨らんでくるようだ。また、昨年や一昨年の経験から、行事に期待をもち、それを仲間と一緒に作り上げるおもしろさを味わっているようだ。

STEP 3　保育者の関わり　環境構成や援助など、具体的に記録しよう！

　この時期の子どもたちは、自分たちで遊びを発展させていくので、様子を観察しながら、見守ることにした。子どもがどのように考え、どのように遊び込んでいるかを知ったうえで、行事に結びつけられる提案を投げかけてみた。子どもたちの意見や思いが飛び交うなかで、調停したり要約・整理したりしながら考えのヒントを出し、さらに話し合いが活発になるようにした。ひとつの目的（行事など）を仲間と組み立てていく醍醐味を味わってほしいと願っている。

保育記録の具体事例

5歳児

4期

個人簿

ルリコ
の記録

年少・年中組の友達の気持ちがわかり、やさしく関わる

縦割り（異年齢）のグループで劇遊びをしようということになり、いろいろな役を交代して遊んだ後、役決めをする話し合いをしました。

大勢でひとつの役をやるのですが、みんな脇役の犬になりたがり、主役の郵便屋のおじいさんはやりたがりません。

そこで、ジャンケンをすることになったのですが、ジャンケンに負けた年少組のミチルは、「犬がいい、犬がいい」と譲らず、とうとう泣き出してしまいました。周りの子は困りながらも、どうしていいかわからずにいました。しばらくしてから、年長のルリコが「わたし、かわってあげる」と、自分もやりたかった犬の役をミチルに譲り、さらにミチルの面倒をあれこれと見ていました。

STEP 1　子どもの姿　ありのままに記録しよう！

12月3日　_A劇遊びの役決めを縦割りのグループで話し合った。年少のミチルは自分の思い通りの役になれずに泣いてしまった。周りの子は困った顔をしていたが、助ける手立てがわからず、知らんぷりをしていた。ミチルは泣き続け、保育者がなだめるがいっこうに泣きやまなかった。そのとき、ルリコがミチルの顔をのぞき込み _B「わたし、かわってあげる。いいよ」と言った。そして、_{C、D}「泣かなくていいよ」と手をつなぎ、決まった役のところに連れて行って、あれこれ世話をしていた。

STEP 2　考察　行動の意味を考えて記録しよう！

　ルリコは年少のとき、何か気に入らないことがあると、すねてその場を動かなかったり、集団から飛び出したりしていた。そんなとき、保育者は受容しながら言葉かけをし、抱きとめ、あるときは意識して無視したり、家での様子を母親に尋ねたり、いろいろな対応を試みてきた。_Cそんななかで、ルリコは保育者の受容から"信頼感"を学び取ったようである。年中時から自分の気持ちを素直に出せるようになり、また、自分のペースではあったが、_C小さい組の友達の世話をするようになった。

　_Cそして年長になると、相手のペースを考えて世話ができるようになった。

　今回のルリコの行動は、年少時の保育者からの受容の経験がもとになっている。それがルリコの対人関係の基本となり、"自分がやってもらったようにやってあげよう"という気持ちが、ミチルへの態度として表れたのだろう。

　また、縦割りのなかで、年齢の違う子どもたちとともに生活してきた経験から、相手の気持ちを読み取ることができるようになってきたのだろう。

STEP 3　保育者の関わり　環境構成や援助など、具体的に記録しよう！

　この時期のルリコは、小さい子どもの面倒をよく見ていた。

　しかし、_{A、C}今回は自分のやりたいものを相手に譲るという、かなり高度な思いやりを示したので、そのことに驚いてしまった。保育者として「ありがとう」と気持ちを伝え、念のために「ルリちゃん、犬の役、本当にミチルちゃんにかわってあげていいの？」と聞くと、_D「うん、わたし、おじいさんやるからいい」と言う。

　年少のときは、すべてのものに固執していたルリコである。保育者の関わりを必要としない子どもに育っていったといえるだろう。

"10の姿"の視点から

A

協同性

共通の目的の実現に向けて、話し合いを行うなかで、状況を見ながら問題を解決するために、自分で考え提案し実行している。縦割りのなかで年長組の役割を果たしている。

B

道徳性・規範意識の芽生え

縦割りのグループで劇の役決めを話し合うが決まらず、ジャンケンというルールで決めることになるが、納得しない年少児。ルリコはその気持ちを理解し、役を譲ることで解決に導いている。

C

自立心

園生活のなかで保育者に受容してもらえた経験が基盤となり、年下の子どもの気持ちを読み取り、理解している。年長組としての自覚をもち、人の役に立つ喜びを感じている。

D

言葉による伝え合い

年少組の子どもに、顔を見ながら「泣かなくていいよ」とわかりやすく声をかけている。思い通りにならないときの自分やそのときに保育者にしてもらったことも思い返して相手に合わせて声かけをしている。

2　保育記録の具体事例

5歳児

保育記録の具体事例

5歳児 5期

ルールのあるゲームにスリルを感じ、チーム対抗の遊びに興味をもち楽しむ

クラス日誌
子どもたちの記録

2学期の後半より徐々にはじまったドッジボールは、3学期に入っても盛り上がりを見せています。

はじめはコウキとダイスケが自分のチームを有利にしようとしたり、ルールを勝手に変えてしまったりしていましたが、周囲の子がボイコットしたり、ルールを理解していくなかで、2人の身勝手も直されてきました。

今では、みんなの提案を受け入れて、身長順にチームを分けたり、歩幅の数をそろえてコートの線を引いたりして、条件をそろえている様子が見られます。

STEP 1　子どもの姿　ありのままに記録しよう！

1月24日　A コウキがダイスケのボールをよけきれずにアウトになる。「マサヒコ頑張れよ」と言って、コートの外へ出る。以前は、「当たっていない」とか、「フミヤがズルをした」と言っていたコウキである。ひとりになったマサヒコは、味方の声援があがるなかで B 4人を相手にしばらく頑張るが、アウトになってしまう。

その後、C 「外に出た人が3人になったら、最初に出た人（アウトになった人）が戻る」というマサヒコの提案をどうするか、みんなで相談する。

コウキの「いいんじゃないか」の声に、A マサヒコの提案を受け入れることにする。

STEP 2　考察　行動の意味を考えて記録しよう！

はじめは自己中心的に、有利に遊びを進めていたコウキとダイスケだった。しかし、周囲の友達の今までの不満から起こったボイコットにより、彼らなりに反省し、仲間と A、D どう関わっていくべきかに気づきはじめたようだ。その結果、遊びも復活し、友達の意見を取り入れることにより遊びも活性化したようだ。

いつも弱い立場にいた子が、チームの一員としてゲームを楽しんだり、声援し合ったりなど、D 同じ舞台上でひとつのものを作り上げているという一体感を味わっている様子である。自立する個と集団の育ち合いが感じられる。

STEP 3　保育者の関わり　環境構成や援助など、具体的に記録しよう！

コウキとダイスケの一方的な言動は、他の場面でも見られていた。友達の気持ちを考えるようにそのたびに声をかけるが、なかなか身につけられずにいた。D また周囲の子には、自分の意見を主張することの大切さをくり返し伝える。

子ども同士の直接的な関わり合いのなかで、自分たちで乗り越えていく経験も必要だと思い、しばらく様子を見守る。結果、周りの子どもたちは、今まで自分のなかにため込んでいた思いを D ボイコットという行動で表し、主張できたという自信をつけた。また、コウキたちには、D 友達がいて遊びが成立することに気づくきっかけになったようである。

うれしいことも、難しいことも、子どもたちが主体的に取り組み、友達と一緒に何かを獲得していけるようにしたいと思っている。

A

道徳性・規範意識の芽生え

共通の遊びに、勝つことの楽しさ、負けることの悔しい思いなど、いろいろな感情を味わう。互いに気づき合うことでルールを確認したり、自分たちでグループ分けやルールを変えることを話し合ったりしながら進められるようになる。

B

健康な心と体

ルールがあることで、チームでの勝負の楽しさとスリルを感じる。ボールに当たらないように、また当てるためにどうしたらよいかのコツも習得し、心と体を十分に働かせながら遊ぶ充実感を味わっている。

C

思考力の芽生え

新たなルールの提案を考えてみんなに伝え、受け入れ合うことで、より楽しくなることを感じる。勝負する楽しい気持ちがもとになり、新しい考えを生み出し実現する喜びを感じている。

D

自立心

保育者の支えで、周囲の子どもたちはルールを守らないことへの不条理を行動で表わした。遊びができなくなったことで、ルールを守らなかったコウキたちは自分たちで気づき修正している。認め合える仲間だからこそ、個々が自立に向かい、集団で育ち合う姿が見られる。

保育記録の具体事例

5歳児

5期

個人簿

ユウキ
の記録

いろいろなことに自信がついてくる

　客観的に物事が見えるようになる子どもの育ちは、絵にも現れています。様々な色を使い、細かい部分を丁寧に描く子どもたち。お姫様の周りにはお城や青い空、木が描かれ、ひとつの風景ができ、運動会の絵には基底線が見られます。

　このようなことから、子どもたちが周囲の物事や社会の状況を客観的に捉えられるようになっていることがわかります。それはまた、友達の様子がとても気になるようになってきたことや、その子のよさを素直に受け入れられるようになってきたという育ちにも通じているようです。

STEP 1 　子どもの姿　　ありのままに記録しよう！

1月12日　登園すると自由画帳を広げるユウキ。_A カマキリや宇宙ステーション、ロボットなど、カラーペンできれいに描く。ミナトとタイチは「すごい、ぼくにもこれ描いて」と、それぞれに注文する。リョウタはユウキの絵を手本にして、そばで描きはじめる。作品展でロケットを描いて以来、ユウキはみんなに一目おかれている。

1月14日　_A 男の子のグループですごろく作りをしたとき、みんなに頼まれてユウキが下絵描きをする。_B 足の障害で外遊びが苦手だったユウキが、最近は自信をもって登園する。

STEP 2 　考察　　行動の意味を考えて記録しよう！

作品展をきっかけに、自分を発揮する場を見つけたユウキ。そして、_{B、C} 客観的に仲間のよさを認められるようになった周りの5歳児の育ち。双方がうまくかみ合って、意欲や自信、遊びの深まり…と、歯車がかみ合って動きはじめたようだ。

_B 友達のよいところを評価し、言葉で認め、受け入れることで、_A 心情が豊かになっていると思われる。そのような強い信頼関係が一人ひとりの自信や励みになり、「描いてあげよう」「まねをして描いてみよう」という次のステップへとつながっているようである。

STEP 3 　保育者の関わり　　環境構成や援助など、具体的に記録しよう！

いろいろな場面で、子どもたちの力が発揮できるように、そして _B 仲間のよさに子どもたちが気づくよう、その子の育ちや持ち味をみんなの前で認める。

自信をつけた子どもたちが、次の力を蓄えられるように、興味のあることは満足いくまで楽しめるようにしていく。

この時期になると保育者の励ましよりも、仲間の信頼や期待が何よりの支えになっているので、保育者の関わりを控えて、_C 仲間と生活や遊びを作り上げている楽しさを味わえるようにする。少し離れたところから子ども同士のやりとりを見守り、子どもが求めたときや行き詰ったときは、励ましや次の段階へいくためのヒントを伝え、自信を確かなものにしていきたい。

A

豊かな感性と表現

年長組になり、客観的に物事を見て、それを様々な色を使いながら、自分ながらの絵にする表現を楽しむようになる。周囲の刺激も取り入れながら、ユウキの表現力はますます豊かになる。

B

自立心

自分の得意なことを友達に認めてもらい自分を発揮する喜びを感じる。仲間同士で友達のよさにも気づき、それを言葉や行動で表し受け入れ合う心地よさを感じ、刺激し合いながらみんなが自立に向かう。

C

協同性

それぞれが自己発揮する達成感を味わい、自信のある姿が見られる。保育者は、子どもたちがそれぞれ興味あることを十分にできるように、それぞれがよさを発揮しつつ主体的に子ども同士で遊びを作っていけるような援助をしていく。

2 保育記録の具体事例

5歳児

保育記録の具体事例

5歳児

5期

クラス日誌

子どもたち
の記録

小学校への期待と不安、卒園の喜びと寂しさで複雑な感情になる

　10月から11月にかけての就学児健康診断以来、子どもたちの間では小学校の話題が出てくるようになりました。

　年賀状のやりとりをきっかけに、文字への関心が高まったり、学用品の購入などで小学校への期待が膨らんだりします。

　「小学校は給食なんだよね」「算数、勉強するんだ」「私は、△△小学校なの」「○○ちゃんと違う学校なの」

　卒園まであと2週間。心の中のうれしさや不安が言葉に表れます。

STEP 1 子どもの姿　ありのままに記録しよう！

3月1日　A「先生、今日ね、机届くよ」と、リリカ。

「わたしは、今度の日曜日」と、ユヅキ。

「わたしのはね、お姉ちゃんとおそろいなんだよ」

女の子の間で、机やランドセルの話が盛り上がる。3月末に父親が転勤する予定のアイリは「私は、引っ越ししてから」と、表情がくもる。B「わたし、お手紙書くからね」「わたしも」「郵便ごっこでお手紙書くの覚えたから大丈夫！」と、周囲の子が声をかけるが、どこかすっきりしない様子のアイリ。

STEP 2 考察　行動の意味を考えて記録しよう！

C新入園児歓迎会や学校見学、お別れ会などを通して、卒園と進学の期待感は高まっているようだ。反面、友達と別れる寂しさや、遠方の知らない小学校へ行く不安を胸にかかえる子も見られる。

新しい環境に飛び込むときの心の動きとして、入園当初と共通する部分が感じられる。年少児の頃と比べ、情緒豊かになっている5歳児は、より複雑な思いを胸にかかえていることであろう。ここで再び、子どもの気持ちを支える、きめ細やかな援助が必要と思われる。

STEP 3 保育者の関わり　環境構成や援助など、具体的に記録しよう！

子どもたちの期待感にそって、小学校でしてみたいことを一人ひとりに尋ねたり、C小学校見学の体験を生かした学校ごっこなどをしたりして、楽しさを盛り上げていった。

また、年中児への飼育当番の引き継ぎとして、世話のしかたの注意を自分なりに伝えることで、D卒園の自覚を促すようにした。また、新しく進級する友達のために、D園舎や部屋を大掃除することで、卒園への思いを新たにできるようにした。

そしてそのつど、不安感や寂しさに応えながら、A保育者自身の小学校での体験（苦手だったこと、楽しかったこと）を話す。さらに、入園してからのことや思い出を話し合いながら、小学校に行ったら友達がたくさんできること、Aやさしいお兄さんお姉さんがいることを話し合い、不安な気持ちを解きほぐすようにした。

また、子どもの宝物になるように、BB4サイズで「思い出ノート」を作り、友達とのサイン交換のページや保育者のページも設けた。

"10の姿"の視点から

A

言葉による伝え合い

保育者や友達と小学校の話をしながら、期待と不安や、喜びと寂しさが伝わり合う。保育者も小学校での思い出を語ったり、やさしいお姉さんお兄さんがいることを話したりして、期待がもてるような言葉で伝えている。

B

数量や図形、標識や文字などへの関心・感覚

年賀状のやりとりや学校ごっこ、郵便ごっこで遊び、文字などに興味をもっている。保育者は、卒園記念としての「思い出ノート」を提案し文字を書くことや読むことでさらに興味・関心が深まるような機会を作っている。

C

社会生活との関わり

学校見学、就学児健康診断などの新しい経験が小学校入学への期待につながる。学用品の購入や給食、教科学習などと、小学校へのイメージがはっきりと湧くことで期待が膨らんでいる。

D

自立心

机やランドセルが届くうれしさ、小学生になることや大きくなること、自立する喜びを感じているが、新しい環境への不安と複雑な思いもある。保育者のきめ細やかな援助で揺れ動く心情を支えていくことが大事である。

2 保育記録の具体事例

5歳児

177

Q.

記録を指導要録に
まとめるのが苦手です。
あれもこれもと思ってしまい、
まとまりません…。

A.

個人の記録を見直して、
育った点を短く書き出し、
その子が一番育った部分を
まとめていきましょう

　1年のなかの育ちが、著しい子どもは個人記録も多くなります。年度当初、園生活のルールからはみ出したり、多動だったりする子、逆に感情表現が少なかったり、指示を待っていたりする子は、保育者の手が多くかかり、記録が増えます。担任としては、その子の伸びた点をあれもこれも書きたいと、思いがあふれてしまうというのもわかります。

　それではこうしてみませんか？　個人の記録を見直して、育った点を短く書き出します。例えば友達・言葉・遊び・生活習慣・意欲など。このなかでどれが一番育った部分か、優先順位をつけます。そこを中心に時間的経過を押さえて書くと、伝えたいことがまとまってきます。

　また、最終学年の記入に当たっては、特に小学校等における児童の指導に生かされるよう「5領域のねらい」とともに「幼児期の終わりまでに育ってほしい姿（10の姿）」を活用して指導の過程と育ちつつある姿をわかりやすく記入することを心がけることが大切です。

保育記録

Q.

「クラスだより」も
記録のひとつだと思いますが
どんなところに
注意したらよいでしょうか？

PART
2

A.

見やすい紙面構成を心がけ
子どもたちの生き生きとした様子を伝えましょう

　クラスだよりはあなたが担任しているクラスの子どもたちがどんな経験をしているかを伝える記録です。

　行事等で保護者は子どもの姿をビデオなどで撮影していますが、ファインダーのなかの「我が子」だけしか見ていません。つまり、一人ひとりの子どもが作るクラスのなかの活動、そのなかで子どもがどのような経験をして、一人ひとりがどのような学びをしているかが見えません。保育者としての腕の見せどころは活動のプロセスを「見える化」することにあります。

　保護者のビデオでは捉えることができない、子どもの育ちや活動のねらい、活動が展開する様子を保育者ならではの視点で書きましょう。臨場感あふれるイラストや写真を添えて、子どもたちの学びの様子が保護者の目に浮かぶように書いていきましょう。

第3章

保育記録を生かす
具体事例

指導計画 に生かす
週 案

クラス日誌　　人形劇を観て、
4歳児・4期　　友達とペープサートを作って遊ぶ

子どもの姿

11月20日　午前中、人形劇団の人形劇「おむすびころりん」を観る。お弁当の後、❶ミドリがおにぎりの
ペープサートを作り、机の隅でコロコロ転がして遊んでいた。ミドリを中心に、❷数人（アキ、ハルミ、キョ
ウコ、ナオミ）が「おむすびころりん」のペープサートを作りはじめる。
ひとつ作っては、ロッカーの裏に入り、❸何やらセリフを言っては仲間と笑い転げていた。

11月21日　登園後、ミドリを中心に数人が、昨日に続きペープサート作りを行う。途中、❹「みんなに見せ
る」と言い、ロッカーの前にいすを並べ観客席を作る。ミドリたちはペープサートをはじめるが、個々が勝手
に楽しんでいるので、観客の子どもたちはよくわからないようだ。保育者が飛び入りでナレーターになる。

11月22日　❷「先生、今日もやろうよ」と保育者を誘い、ミドリたちのペープサート劇場がはじまる。他の
クラスの子どもたちも見に来た。帰りの集会のとき、「ミドリちゃんたちのペープサートがはじまったけれ
ど、みんなでやってみない？」と保育者がクラス全体に投げかけてみると、❺「いいよ」「いやだよー」「わ
たし、シンデレラがいい」など、いろいろな意見が出てきた。まとまらないうちに降園時間となった。

考察

最近、子どもたちは身近な出来事に反応し、❻興味をもったものや、自分たちでも遊べると思ったもの
を、すぐに遊びに取り入れていく。そして、❼それを気の合った友達に伝え、共通のイメージをもって、さ
らに遊びを発展させていく。しかし、実現していく段階では、個々がそれぞれのイメージで行うので、な
かなかひとつのまとまりになっていかない。さらに、戸惑ったり友達ともめたりすることがある。

保育者の関わり

遊びのアイデアは子どもたち自身が十分にもっているので、❽状況を観察し、❾必要な道具を用意して
みた。しかし、前述のようになかなか目的が実現できないところがある。そこで、❿保育者がまとめ役とし
て、それぞれの場面で手伝っていった。発展がおもしろいので、次週の劇遊びへとつなげていきたい。

記録を週案に生かすPOINT

1 前週だけにとらわれず今までの個々の発達やクラスの状況を記録から読み取る

2 伸ばしたい、育ってほしい部分など保育者の願いを込めて組み立てる

3 自分の記録だけでなく他の保育者の記録や意見を参考にする

左の記録を週案に生かしてみよう！

▼週案／11月第4週「ペープサートを演じる」

子どもの姿を捉える

・人形劇を見て刺激を受け、ペープサートをはじめる。❶
・友達から刺激を受け、興味をもち楽しんでやっている。❷❻
・友達に見てもらおうと工夫する。❹
・友達とイメージを共有する。❸❼
・話し合いをしようとする。❺

ねらい

・友達とペープサート遊びを共有し、楽しむ。
・ペープサートを工夫して作る。

環境構成

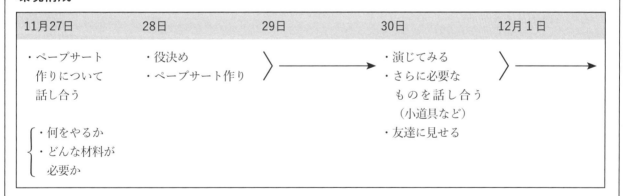

11月27日	28日	29日	30日	12月1日
・ペープサート作りについて話し合う {・何をやるか ・どんな材料が必要か	・役決め ・ペープサート作り		・演じてみる ・さらに必要なものを話し合う（小道具など） ・友達に見せる	

保育者の援助

・子どもたちの話し合いや遊びの姿をさらに観察する。❽
・必要な材料や道具を用意する。❾
・保育者も仲間として入り、必要なところを助ける。❿

指導計画に生かす 日案

日案を考えるうえで大切なことは、子どもの姿を読み取ることです。日々子どもたちがどのように遊んだり生活したりしているか、そしてそれがどのような意味をもっているかを考えて記録してあると、次の保育の計画に生かすことができます。何を育てたいかというねらい、どのような環境を構成してどう援助するかを、具体的に記していきます。

クラス日誌
3歳児・5期

進級に期待をもつ

子どもの姿

3月4日 お弁当の後、❶年中組がホールでお別れ会の練習をしていたが、のぞいていたケイスケが ❷「光組は、しないの?」と言ってくる。この言葉を取り上げて、降園時に子どもたちに相談すると ❸「やりたい! やりたい!」の合唱になる。練習のなかから、❹子どもたちの進級への期待感にもつなげたい。

考察

1期には「大きい組さん、怖い」と言っていた子どもたちに変化が出てきた。園生活や行事を通して、❺年中・年長児のすばらしさ、能力を感じていたようだ。年中も年長も同じ大きい組だと思っているようだが、それにあこがれ、❻大きい組になったらリレーができる、大きい組になったら○○ができるという期待感があり、「大きい組」という言葉のひびきが、3歳児にとって、魔法の呪文のようになっている。

また、進級への期待感を支えるものとしては、大きい組への共感、信頼感がある。❼親切にしてもらったこと、遊んでもらったこと、生活のなかでの触れ合いなどが積み重なっているようだ。

このように、自分の存在だけでなく、直接、関わりのない年中や年長組の友達の存在を理解し、受け入れられるようになってきた。

保育者の関わり

子どもの期待感を大切にし、すでに取り入れている当番活動を、一部分でなく全体的に取り入れ、❽保育者が手伝っていたところも子どもに任せてみるようにした。

また、大きい組にみんなで出かけて、年中児がしている当番や仕事の話について聞いてみたりした。その他にも、年長児を送るお別れ会の準備や新入園児の歓迎会についての話し合いをするなどして、進級への期待感を支えていった。

さらに、新入園の友達にどんなことをしてあげたいかなどを聞き出したり、生活習慣の確認などをしたりしながら、年中組になる自覚を促していきたい。

記録を日案に生かす POINT

1 昨日までの子どもの様子を捉えた記録をもとにねらいを立てる

2 どのような環境を構成してどう援助するか、具体的に記す

3 そのとき、そのときの子どもの様子を捉え、臨機応変に柔軟に対応していく

左の記録を日案に生かしてみよう!

▼日案／3月5日（金）「お別れ会の楽器遊びをする」

子どもの姿を捉える

・年中・年長児から刺激を受けている。❶❺❻

・お別れ会に何かをやりたい気持ちになっている。❷❸

・大きい組になることを意識している。❹❼

ねらい

・進級に期待と喜びをもつ。

・年長の友達に歌や合奏をしてあげる喜びを感じる。

内容

・年長の友達と遊んだことやしてもらったことを話し合う。❺❼

・楽器遊びをする。

　　⎧・好きな楽器を選び、ピアノに合わせて打つ。

　　⎨・指示に合わせて打ったり止めたりする。

　　⎩・どんな曲を演奏するか相談する。

準備

・いろいろな打楽器を用意する。

　（すず、トライアングル、ウッドブロック、マラカス、タンバリン、カスタネット、たいこ）

保育者の援助

・好きな楽器が選べるように、また、交代でできるようにする。

・選曲は子どもたちが考え、自分たちがやっているという気持ちを大切にする。❽

3 保育記録を生かす具体事例

183

要録 に生かす

要録は、子どもの姿をできるだけ正確に記入する必要があるため、年度末など一時期だけで子どもの姿を捉えることのないよう、日頃から活動の姿を記録に残していくことが大切です。子どもの1年の成長変化で向上の著しい事柄を捉え、子どもの発達の過程が読み取れる記述をするようにしましょう。

個人簿　5歳児

ゆりぐみ　山田達也
（家族構成：両親、兄との4人家族）

6月9日　タツヤの友達のリョウヘイが、空き箱と割りばし、ストローなどで車作りをしていると、タツヤもそばでじっと見たり、「かっこいいなあ」と言ったりしているが、自分ではやろうとしない。リョウヘイが「タツヤくんも作ってみな。一緒に走らせようぜ」と誘うが、A「ぼくは作らない。だって、リョウヘイくんみたいに作れないよ」と言う。

A 思考力の芽生え

6月11日　動物園の絵を描く。一人ひとりの子どもたちが楽しんで、ひとりでいくつも描いては切り抜き、壁の大きな紙に貼っていくなか、タツヤは小さいゾウをやっとひとつ描いて切り抜き、大きな紙の隅の方に貼った。続けて描く様子はなく、友達の絵を見回している。

6月25日　久しぶりのよい天気。B園庭に出て、クラスでドリブル大会をすることにした。ドリブルの得意なタツヤはC仲のよいリョウタやアキラから「タツヤ、がんばれ」と声援を受ける。最後まで勝ち残ったタツヤを褒めると、照れていたが、とてもうれしそうにしていた。

B 健康な心と体

C 自立心

11月5日　近頃は、Dいろいろな物を描くのが楽しくなってきたようだ。今日もリョウヘイに手伝ってもらいながら、車や宇宙船を楽しそうに描いている。

D 豊かな感性と表現

記録を要録に生かす POINT

1 子どもの発達の姿を的確に捉え、客観的に子どもの姿がイメージできる表現で記述する。	**2** そのときの事実だけを取り上げず、前後の出来事にも触れるようにする	**3** 子どもの伸びようとするところを大切にして記述していく

左の記録を要録に生かしてみよう！

	令和3年度
指導の重点等	（学年の重点） 　自分で考え、友達と協力して、意欲的に園生活を送る。 （個人の重点） 　仲間との関わりのなかで積極的に表現できる力をつけ、自信をもって行動する。
指導上参考となる事項	・進級後、年中時からの親しい友達と一緒に行動し、誘い合って園庭でサッカーを楽しんでいた。ドリブルが得意でひとりで根気よく練習している姿が見られた。 ・描画や造形に苦手意識があり、年長になって周りが見えてきたために、友達と自分の作品を比較してしまい、出来栄えを気にして自信をなくしていたようだった。 ・保育者は本児の得意とすることを、友達のなかで認め合えるような機会をもちたいとクラスでドリブル大会を行った。本児がみんなのなかで勝ち残り、友達も認めてくれたことが自信となった。2学期には運動会でも活躍し、さらに自信がもてるようになった。 ・11月には友達のなかで絵を描くことに抵抗がなくなり、車や宇宙船の絵を楽しそうに描くようになった。2月の作品展では、友達と協力して宝島の地図を迷路入りで描き上げ、描画においても自信をつけていった。 ・仲間から認められたことがきっかけでついた自信が、今後も何事にも挑戦していける力になることを期待している。

最終学年の要録を記入する際の留意点

最終学年の記入にあたっては、特に小学校等における児童の指導に生かされるよう、「5領域のねらい」とともに、「幼児期の終わりまでに育ってほしい姿」を活用して子どもに育まれている資質・能力を捉え、指導の過程と育ちつつある姿をわかりやすく記入することを心がけることが大切です。

※赤字部分が左の記録を要録に生かした箇所です。

3 具体事例 保育記録を生かす

要録 に生かす

個人簿 たんぽぽぐみ　佐藤慶子
満3歳児 （家族構成：両親、姉との4人家族）

左の記録を要録に
生かしてみよう！

10月2日
満3歳児クラスの子どもたちは、運動会は何だかよくわからないが、何か楽しいことをやるに違いない、と思っているらしい。年長児が綱引きをしたり、年中児がダンスをしたりしているのを見て「ぼくたちやるの？」「わたしもやりたい」と言ってくるが、ケイコは相変わらずマイペース。ダンスをするときも「イヤ！」と言って入ってこず、部屋でひとりままごとをしている。担任として少し困ってしまった。

10月3日
ダンスで2人組になるところがあるので、しっかり者のミサをケイコの相手にした。ミサは一生懸命ケイコを誘うが、ケイコは「イヤ」と言って入ろうとせず、ミサは困ってしまっている。

10月5日
少しずつクラスのダンスがまとまってきた。今日はケイコにお気に入りの人形を持たせ「お人形さんも一緒に踊ろうね」と言うと、ケイコは人形とミサと一緒に踊りはじめた。ミサもホッとした顔をした。

12月8日
遊びは、ひとり遊びではあるが、遊ぶ場が広がってきた。ときどき友達の声や遊んでいる姿に反応して、目で追いながら笑っている姿が見られた。

指導の重点等	令和3年度
	（学年の重点） 　園生活に慣れ、保育者や友達と遊びを楽しむ。
	（個人の重点） 　園生活に慣れ、クラスでの遊びを楽しもうとする。
指導上参考となる事項	・6月に入園し、当初は不安な様子であったが、母親と離れることはできた。 ・ひとりでお気に入りのぬいぐるみや人形と一緒にままごと遊びを楽しむ。クラス活動には自分からは入らないが、保育者が誘うと参加した。 ・10月の運動会の頃、ダンスの相手が誘っても「イヤ」と言ってなかなか入らず、ひとりでままごとをしていた。相手のミサは困ってしまったが、クラス全体のダンスがまとまってきたとき、保育者が人形を持たせ「お人形と一緒に踊ろう」と誘うと一緒にダンスをはじめた。 ・ひとり遊びをしながら、他の子の遊びに興味を示しはじめ、目で追っていることが多くなっている。 ・1月〜3月にはクラス活動や遊びにも楽しそうに参加し、友達と笑い合いながら遊ぶようになった。 ・進級後はスムーズに友達のなかに入り、簡単なルールを覚え、友達と一緒に遊べるようになることを期待する。

※赤字部分が左の記録を要録に生かした箇所です。

要録 に生かす

個人簿
3歳児

たんぽぽぐみ　後藤彩香
（家族構成：両親との3人家族）

**左の記録を要録に
生かしてみよう！**

9月1日

新入園児として、3歳児たんぽぽ組に途中入園した。
はじめは不安気な様子であったが、母親と離れることができ、保育者のそばについていた。

9月20日

園の生活習慣には慣れ、身支度やお弁当の支度、片づけなど、手を借りずひとりで行う。しかし、遊びのときは保育者のそばに寄り添い、友達の動きを目で追って見ている。課題の活動では保育者から離れ、何をするかを理解して行っている。

10月10日

運動会で母親と一緒に登園。母親から離れようとしなかった。種目への参加を誘うと泣き叫び、母親にしがみついたままで、母親と一緒に種目を行った。

10月24日

運動会後1週間は登園時に母親と離れられず泣いていたが、泣くことも少なくなり、泣かずに登園できるようになってきた。しかし相変わらず保育者について行動している。

11月5日

最近、友達のナオコと親しくなり、ナオコにリードされながら遊べるようになってきた。

	令和3年度
指導の重点等	（学年の重点） 　明るく伸び伸びと園生活を過ごし、友達と楽しんで遊ぶ。
	（個人の重点） 　友達と関わりながら、伸び伸びと生活し、園生活を楽しむ。
指導上参考となる事項	・9月1日入園。新しい環境に緊張し、しばらく保育者とともにいることが多かった。遊びには興味を示し、他の子の遊びを目で追っていた。保育者が一緒に「入れて」「遊ぼう」と仲間入りの仲介をするよう、声かけをしていった。また、課題活動では、やることを理解して、ひとりで行っていた。 ・10月の運動会の頃より、泣いて感情を表すようになる。11月に親しくなったナオコの積極的なリードによって気持ちも安定し遊べるようになった。現在ではナオコが欠席しても、保育者に頼ることなくひとりで遊んでいる。 ・落ち着くとともに、家での出来事や好きなテレビのキャラクターなどを保育者に話し、言葉もはっきりしている。 ・生活習慣は入園時より確立し、園の約束もよく理解している。 ・進級後も自分を解放し、伸び伸びと生活することを期待したい。また、新しい環境で安定するような援助が望まれる。

※赤字部分が左の記録を要録に生かした箇所です。

3

具体事例

保育記録を生かす

187

要録 に生かす

クラス日誌より
4歳児

さくらぐみ　佐藤みどり
（家族構成：両親との3人家族）

左の記録を要録に生かしてみよう!

11月20日

午前中、人形劇団の人形劇「おむすびころりん」を観る。お弁当の後、ミドリがおにぎりのペープサートを作り、机の隅でコロコロ転がして遊んでいた。ミドリを中心に、数人（アキ、ハルミ、キョウコ、ナオミ）が「おむすびころりん」のペープサートを作りはじめる。ひとつ作っては、ロッカーの裏に入り、何やらセリフを言っては仲間と笑い転げていた。

11月21日

登園後、ミドリを中心に数人が、昨日に続きペープサート作りを行う。途中、「みんなに見せる」と言い、ロッカーの前にいすを並べ観客席を作る。ミドリたちはペープサートをはじめるが、個々が勝手に楽しんでいるので、お客さんは何がなんだかよくわからないようだ。保育者が飛び入りでナレーターになり、ミドリたちがペープサートを動かす。

11月22日

「先生、今日もやろうよ」と保育者を誘い込み、ミドリたちのペープサート劇場がはじまる。他のクラスの子どもたちも見物に来た。帰りの集会のとき、「ミドリちゃんたちのペープサートがはじまったけれど、みんなでやってみない?」と保育者がクラス全体に投げかけてみると、「いいよ」「いやだよー」「わたし、シンデレラがいい」など、いろいろな意見が出てきた。まとまらないうちに降園時間となった。

2月7日

新入園児歓迎会に何をしようかと相談したところ、ミドリを中心に「『おむすびころりん』がいい」との声があがる。ハルミやユウスケも賛成する。保育者と一緒に必要な材料を準備し、ミドリのグループが他の子をリードして練習をはじめる。

指導の重点等	令和3年度
	（学年の重点） 　園生活を楽しみ、遊びを通して、友達と関わりを深める。
	（個人の重点） 　友達とイメージを共有しながら遊びを進め、楽しんで遊ぶ。
指導上参考となる事項	・進級当初より落ち着いて行動し、描いたり、紙を切って作ったりすることを好んでやっていた。 ・だれとでも遊べ、遊びを工夫して楽しんでいるのでみんなから慕われている。 ・11月、園内で観劇した人形劇から刺激を受けて、友達とペープサートを作って遊び、楽しんでいた。12月のクリスマス発表会では「おむすびころりん」の劇でおばあさんの役をする。その後、ペープサートで犬や猫を作ってイメージ豊かに遊ぶ姿が見られた。 ・2月の新入園児歓迎会では、「おむすびころりん」の劇を見せることを提案し、進んでお面を作るなど仲間をリードして力を発揮する。 ・自分の思ったことを保育者にはっきりと伝えられる。 ・年長組でも、本児のよさをさらに発揮することを期待したい。

※赤字部分が左の記録を要録に生かした箇所です。

保育において家庭との連絡は、大切な事柄のひとつです。園の保育方針を伝えたり、子どもの育ちを知らせたり、保護者の協力をあおいだりすることは、子どもの成長発達を支えることにもなります。そのためには、日々のクラス日誌や個人記録がたいへん役に立ちます。それぞれの記録を生かしながら、家庭と連携していきましょう。

個人面談

個人簿
4歳児・3期

ヤスシの記録：
保育者に甘えられずに突っ張る

子どもの姿

6月28日 最近、❶「赤ずきんちゃんごっこ」が男女を問わず流行っている。以前、自由遊びで劇ごっこをして遊んだことがきっかけだった。この日も、保育者が進行役兼おばあさん役兼オオカミ役になり、クラスの半数以上の子が参加していた。

しかし、❷ヤスシは誘っても遊びに入ろうとしない。近くで見ていたので声をかけだが❸「女の子みたいだから、やらないもん」と言い、廊下へ出ていってしまった。しかし、❹保育者がオオカミになって、みんなを追いかけると、新聞を丸めて作った剣で保育者のことをたたきにくる。

考察

ヤスシは3人兄弟の真ん中で、上は小学4年の兄、下には1歳の妹がいる。母親は妹の世話で、❺ヤスシのことをあまりかまっていないのかもしれない。また、❻兄の影響か、女の子っぽい遊びに対して、興味があっても嫌がることが多い。

ヤスシは、保育者の誘いを本当に嫌がっているわけではないようである。実際、「赤ずきんちゃんごっこ」もやりたそうに見ている。❼保育者にかまってもらいたい、注目されたいというヤスシなりの自己主張の表れなのかもしれない。表現のしかたは下手だが、❽基本的に園や保育者に対して心を開いているようだ。信頼関係が少しずつ生まれてきたのだろう。

保育者の関わり

本当は入りたいのだけれど、女の子っぽいことは嫌だ、という自己主張が出てしまうヤスシなので、「赤ずきんちゃんごっこ」のときも、オオカミ役や猟師役に誘ってみた。また、ヤスシが片づけを手伝ってくれたことを、帰りの集まりのときに、みんなの前で紹介した。

❾本心と反対のことを言ってしまったり、誘われても参加しなかったりするが、彼のよい点を認めていき、「いつもヤスシのことを見ているよ」というサインを出していった。ヤスシの行動の裏側の気持ちを捉え、保育者として感じ取っていきたい。

左の記録を個人面談に生かしてみよう！

7月の個人面談

1 ヤスシの園での様子と他の子どもの様子を伝える

◎友達は赤ずきんの劇ごっこで役割を決め遊んでいる。❶
◎ヤスシは赤ずきんの遊びに入らずにいた。しかし、追いかける場面では参加した。❷❹
◎女の子っぽい遊びを好まない。❸

2 家庭での様子を聞く

◎どんな遊びをして、どんな友達と関わっているか？
◎兄弟との関係は？ ❻
◎母親がヤスシにしている対応は？ ❺

3 ヤスシの気持ちを伝える

◎保育者を信頼しはじめている。❽
◎甘えたい気持ちを突っ張るという形で表現している。❾
◎甘えたいし、注目してほしいという気持ちが強い。❼

4 母親の対応方法を具体的に話す

◎ヤスシの甘えたい気持ちをくみとる。
◎ヤスシとスキンシップする。
◎ヤスシのよいところを見つけ、口に出して褒めてあげる。

3
具体事例 保育記録を生かす

189

連絡帳

クラス日誌
3歳児・2期

物を取り合い、相手をかんだり
たたいたりする

子どもの姿

6月2日　突然、大泣きの声が保育室から聞こえたので、テラスから急いで駆けつけた。赤い大型積み木を取り合い、ミキとアオイが争っている。

「これ、ミキちゃんの！」「アオイのだもん」と、2人とも譲らない。ミキは、赤い積み木をお人形さんのベッドにしていたが、もうひとつのぬいぐるみを取りに行っている間に、アオイがその赤い積み木を持っていこうとしたらしい。ミキは怒ってアオイを押す。アオイは倒れて大泣きし、「この子が、取ったぁー」と保育者にうったえ、泣きじゃくる。それを見て、ミキはアオイよりさらに大声で泣く。

6月3日　ユウスケとマリトが室内用三輪車をめぐって取り合いのケンカをする。

ユウスケが乗っていた三輪車に、マサトが強引に乗ってしまった。今度は、❶ユウスケがマサトを引きずり降ろそうと、押したり、かみついたりする。2人とも大泣き。周りの子たちは、唖然とした表情で見ている。

考察

遊びに興味をもちはじめ、個々に遊んでいたが、❷どうやら友達の遊びも目に入りはじめたようである。

「あの子の遊んでいる○○で遊びたい！」と思うと、その子の気持ちなどを考えるところまで思い及ばず、行動に移してしまうようである。

また、言葉で自分の思いを伝えたり、友達と遊ぶときのルール、例えば、「貸して」「いいよ」「待ってて」などの言葉を使ったりすることに対しても、未熟である。

保育者の関わり

❸「あの子の遊んでいる○○で遊びたい」という思いを受け入れながら、そういうときには保育者が意識的に「貸して」「だめ」「いいよ」「ちょっと、待ってて」「ありがとう」などの言葉を使ってみせるようにした。

そして、子どもが実際に、そういう言葉を使って遊べたときは、「よく言えたね!!」と褒めて、子どもたちに意識させるようにした。個々の子どもの気持ちを代弁することは、この時期に特に必要と思われる。ケガ（かみつき）が起きた場合は、保護者への対応も考慮しながら関わった。

マサトの連絡帳

6月3日

お電話でもご連絡しましたが、今日、朝の自由遊びのときにマサト君が三輪車の取り合いをして、友達に左腕をかみつかれました。左腕に歯形がついたので、ぬれタオルで冷やしましたが、まだ少し痕が残ってしまいました。その後、傷の具合はいかがでしょうか。何かありましたらご連絡ください。申し訳ありませんでした。　　　　　　担任より

①

6月4日

昨日は、ありがとうございました。傷はたいしたこともなく、本人も気にしていないようでしたが、朝になると「園に行きたくない」と言い出しました。行きたくない理由を聞いてもはっきりしないのですが、きっと昨日のことが原因だと思います。できるだけご配慮をお願いいたします。　　　　　　　　　　　　　　　　母より

6月4日

お手紙拝見いたしました。傷のことでご心配をおかけいたしました。家での様子をお知らせくださりありがとうございました。

今日は、朝からマサト君の様子を見ていましたが、変わった様子はなく三輪車に乗ったり、砂場で遊んだりしていました。

最近つくし組の子どもたちは、友達の遊びが気になり、あの子の遊んでいるおもちゃで遊びたいという思いが強くなり、すぐ取り合いになります。これは、友達と遊ぶきっかけになるので、私は見守ったり、「貸して」とか「待っててね」と言葉をかけるように伝えたりしています。

②

マサト君も友達を意識しはじめていますので、私も意識的に「貸してと言おうね」と言葉かけをしています。朝、「行きたくない」と言っても園では遊べていますので、明るく送り出してください。　　　　　　　　　　　　　　　　　　担任より

③

監修・執筆

關 章信　（公益財団法人 幼少年教育研究所 名誉理事長、福島・福島めばえ幼稚園 理事長・園長）

兵頭惠子　（公益財団法人 幼少年教育研究所 顧問、神奈川・元冨士見幼稚園 主任教諭）

髙橋かほる（公益財団法人 幼少年教育研究所 理事、帝京短期大学 こども教育学科 教授）

執筆

伊藤ちはる（福島・福島めばえ幼稚園 副園長）

岩﨑麻里子（東京・月かげ幼稚園 園長）

菊地君江　（公益財団法人 幼少年教育研究所 所員）

桐川敦子　（日本女子体育大学 子ども運動学科 准教授、同附属みどり幼稚園 園長）

櫛渕洋介　（群馬・ちぐさこども園 園長）

木暮真紀　（神奈川・冨士見幼稚園 主任教諭）

小林愛子　（東京・戸山幼稚園 顧問、東京教育専門学校 非常勤講師）

佐藤有香　（和洋女子大学 家政学部家政福祉学科 准教授）

辻　澄枝　（公益財団法人 幼少年教育研究所 顧問）

長瀬　薫　（神奈川・認定こども園中野幼稚園中野どんぐり保育園 園長）

長瀬恭子　（神奈川・認定こども園中野幼稚園中野どんぐり保育園 教諭）

羽路久子　（東京・日本女子大学附属豊明幼稚園 園長）

水越美果　（神奈川・横浜隼人幼稚園・大谷学園幼稚園 園長）

室井眞紀子（東京都市大学 人間科学部 准教授）

娚杉真由美（埼玉・認定こども園しらゆり 副園長）

カバーイラスト・タイトル文字／秋永 悠

カバーデザイン／下山ワタル

本文イラスト／有栖サチコ、石崎伸子、
とみたみはる、長濱 恵、ハセチャコ

本文デザイン／下山ワタル、倉持良子

本文DTP／ニシ工芸株式会社

編集担当／菊池文教、乙黒亜希子

※肩書は執筆当時のものです。

［新装版］保育記録のとり方・生かし方

2021年6月18日　初版第1刷発行

監　修　關 章信　兵頭惠子　髙橋かほる

編　著　公益財団法人 幼少年教育研究所

発行人　西村保彦

発行所　鈴木出版株式会社

　　　　〒101-0051 東京都千代田区神田神保町2-3-1 岩波書店アネックスビル5F

　　　　TEL 03-6272-8001㈹　FAX 03-6272-8016

　　　　振替　00110-0-34090

　　　　ホームページ　http://www.suzuki-syuppan.co.jp/

印刷所　株式会社ウイル・コーポレーション

※本書は、小社発行の1997年初版『保育記録のとり方・生かし方』に加筆し、改訂したものです。

©(公財)幼少年教育研究所 2021 Printed in Japan

ISBN978-4-7902-7274-8　C2037